MBA流

伝わる
英語プレゼン

すぐに使えるフレームワーク

マサチューセッツ州立大学
MBA講師
齋藤浩史 英語監修 Kirsty Orreill

中央経済社

は じ め に

　本書をお手に取っていただき，ありがとうございます。齋藤浩史（呼称JB）と申します。JBという呼称は，元々は私が海外ビジネスに取り組むときに使っていたものですが，現在教鞭を執るマサチューセッツ州立大学（以下UMass）でも，ほとんどの生徒が呼称で話しかけてきてくれます。

　大学卒業後，米国に渡り，ゴールドマン・サックス等の外資系投資銀行で働いてきました。帰国子女でもなく，スーパーグローバルな仕事環境で常に劣等感を感じる日々。英語でプレゼンをしなければならない機会も多く，そのたびに胸が締め付けられ，脈が速くなり，息苦しい気持ちになっていました。

　同じ悩みを抱え，本書を手に取ってくださった読者もいるのではないでしょうか。マネジメント（もしくはマネジメント候補）として，英語プレゼンから逃げられない。しかし，「単純に人前で話すだけでも大変なのに，さらに英語でプレゼンをしなければならないなんて…」という相談をよく受けます。

　私は，数年間の試行錯誤の末，**ネイティブや帰国子女でなくても，「型」（フレームワーク）を守れば，十分にビジネスで通じる英語プレゼンができる**と確信するに至りました。

　そして，今現在，UMassをはじめ，多くの一流企業で英語プレゼンのフレームワークについて教え，多くのマネジメントやその候補生である生徒から「英語プレゼンに自信が持てた」と報告を受けています。

本書は，英語プレゼンのフレームワークとその作成から実践，振り返りまでの一連の流れを網羅し，どのように取り組むべきかを紹介していきます。皆さんが真のグローバル人材となる一助となれば望外の喜びです。

　最後に。英語の監修を行ってくれたKirsty Orreill氏と，様々なアドバイスをくれたMBA講師仲間である大前和徳氏，加藤千晶氏にこの場を借りて感謝したいと思います。また，弊社グローバルアップライズコンサルティングの武市浩一氏，外山聖氏には，システム関連の知識についてサポートしてもらいました。さらに，コジマ電気元社長小島章利氏には，本書にかけた思いに共感していただき，様々なご指導をしていただきました。

　本書は，構想から完成まで3年間の月日を要しました。その間，公私ともに多大な影響を与えてくれた中馬諭氏，高村勇一氏，秋葉秀威氏，水野健氏，野村豊氏，佐藤麻子氏，飯田哲平氏，内田圭亮氏，内田由里子氏，三宅綾氏，塚元啓介氏，佐々木直子氏，吉田知恵氏，服部麻衣子氏，田辺孝由樹氏，鈴木達也氏，渡辺鉄平氏，米田和弘氏，河合真弓氏，佐藤丈広氏，滝波由梨子氏，中山賢二氏，山口峻氏，新藤淳吏氏，鳥原大輔氏，小林輝之氏に，この場を借りてスペシャルサンクスを伝えたいと思います。皆さんがいなければ，本書を出すことはできませんでした。本当にありがとうございました。

2022年9月

齋藤　浩史

◉ 本書のポイント

　本書では，以下３つの要素を取り入れた英語プレゼンのノウハウをご紹介していきます。

- ☑ MBAで学ぶフレームワークを使って，具体的な図やグラフの説明方法を解説していきます。
- ☑ プレゼン内容だけでなく，プレゼンに対する服装・発声・設備の準備方法について，リモートと対面の両面から解説していきます。
- ☑ 実際のプレゼンで起こりうるシチュエーションを想定して，いかにノンネイティブがうまくピンチを切り抜けることができるのかについて紹介していきます。

　MBAとはマネジメントで必要な資質を学習する学校のことで，経営大学院もしくはビジネススクールとも呼ばれます。このMBAで学ぶ内容は，**組織**，**ファイナンス**，**オペレーション**，**マーケティング**，**戦略**など多岐にわたります。それぞれ，分析のフレームワークがあり，実際の企業事例を使って当てはめていきます。もちろん答えがあるわけではなく，当てはまらなければ，応用させて自ら問題を解決します。

　このフレームワークは，海外を含めマネジメント層に広く受け入れられており，直感的にわかりやすく出来ています。そこで私は，このフレームワークのわかりやすさは，ビジネス分析の枠にとどまらず，プレゼンでも十分に応用できるのではないか？　と考えるようになりました。

　私は，今まで多くの優れた英語プレゼンを見てきました。わかりやすく説得力があるプレゼンには，フレームワークまたはそれを応用したものが意識的に，あるいは無意識的に使われています。

　本書では，そのプレゼンのフレームワークについて説明していきます。さらに，優れた英語プレゼンのバックグラウンドや想定外の事態への対処についても解説します。

本書の想定読者

- 海外でのプレゼン実施予定のある企業CEOや経営者の方
- 海外大学や海外大学院への進学を検討されている方
- 外資系企業で働いている方もしくは外資系企業への転職を考えている方
- 英語コミュニケーションをもう一歩向上させていきたいと考えている方

CONTENTS

第4章　外国人を動かすプレゼンをするには

第5章　リモートプレゼンは準備が9割

第6章　対面プレゼンをより効果的にするテクニック

第7章 プレゼン後フィードバックで さらなる上達を目指す

序　章

英語プレゼンは
マネジメントの必須スキル

AI時代において、マネジメントに求められるのは、AIにはできない「能動的に相手を動かす」刺さる魅力的なプレゼン力です。序章では、最短で英語プレゼンができるようになる方法について書きます。

01 なぜ日本人は 英語プレゼンが苦手なのか

● 「伝える」目的で英語教育を受けていない

文法は合ってる？
発音は大丈夫？

　21世紀は知的経済社会へとシフトし，人の価値は個人のアイデアで測られる世の中になりました。AIの発達とともに多くのことが自動化される時代であり，ビジネスでもコンピューターとうまく協業し・補える人間のスキルが求められます。例えば，周囲を説得・交渉したり，モチベーションを上げたり，仲間たちがイノベーティブなアイデアを出せるよう誘導したりすることです。

　このような中で，マネジメント（あるいはその候補）に求められるのは，**「伝える力」**となります。

　ところが，この「伝える力」がある日本人は少ないのが実情です。私がこれまで見てきた中での感覚ですが，先進国の中で1番少ないのではないかと思います。

　日本では，中学校，最近では小学校から英語教育があります。それにもかかわらず，英語プレゼンができる人が少ないのはなぜでしょうか。

　それは，日本は英語を使わなくても生活ができる恵まれた環境のため，英語教育は試験のためだけに存在しがちになり，文法や発音などいろいろ考えすぎてしまう傾向にあるからだと思います。

　一方，自国内では十分な収入を得ることができないような国々の人は，他国で稼ぐために必死です。多少ヘタな英語でも，ジェスチャーをフル

活用して伝わればよい，くらいの感覚です。だからこそ，英語プレゼンにも抵抗がないのです。

JBポイント　イギリスの海外移民の英語クラスにおいては，先生たちが仕事や生活に必要な単語や言い回しなどを最初に伝えておいて，その後ロールプレイングを徹底的に繰り返すという方法で英語を習得するそうです。例えば，「○○という状況において，その人に依頼をしてみよう」とか「▼▼という状況で，相手をどう説得するか」などという授業になります。

日本の「以心伝心」では外国人に伝わらない

　さらに，日本人は真面目すぎるため，日々の業務だけに全力投球しがちで，自分のスキルアップとしての英語プレゼンの練習に時間を割こうという意識が薄いのもあります。たとえ時間があっても，英語プレゼンを学ぶメソッドが一般になく，自己流になりがちです。

　このように英語学習への意識が中途半端になるのは，日本人には「以心伝心」ということわざがあるように，「言わなくてもお互い何となくわかるはず」という感覚があるためでしょう。英語も日本語と同じで「伝わる」という過信が影響しているのだと思います。そして，その典型が，「わからないほうがダメ」「空気を読む」という独特の考え方です。これは，同一民族が多くを占めることに由来するのかもしれません。

　しかし，21世紀のグローバルビジネスに日本独特の「以心伝心」ルールは通用しません。文化も教育も違う他国の人たちには，「何が言いたいか」を明確にしないとビジネスができないのです。

海外エリートは小さい頃から訓練を積み重ねている

　日本人は，伝える力について軽視しがちな反面，海外では一番重要視されるスキルでもあります。例えば，米軍エリート士官は，常に刻々と

変わる世界状況を分析しつつ高官や大統領に動いてもらわなくてはいけないため，10分内に簡潔明瞭で説得力のある報告と議論ができることが必須とされています。それゆえ，米軍エリート士官は小さい頃から訓練を積み重ねているのです。

プレゼンの達人を観察することからすべては始まる

　米軍エリート士官のように突発的事項を瞬間的に伝えることが難しくても，日本人にもチャンスがあります。決められた場面におけるプレゼンであれば，準備や練習が可能だからです。

　ファーストステップとして，例えば，TEDやYouTube等でプレゼンの達人たちがどのように伝えているかをチェックし，真似することから始めてみるとよいでしょう。

　彼らのスピーチをしばらく聞いていると，ある共通点があることに気づきます。それは，**「明確なキーメッセージ」**があることです。繰り返しキーメッセージを使い，聞き手に覚えさせます。日本人だと，「何度も同じメッセージを伝えるのはしつこいのでは？」と遠慮してしまいますが，彼らは忖度しません。

　今後大半の業務が自動化されていく中で，マネジメントは，アイデアを伝えて周囲に動いてもらったりサポートしてもらったりする必要があります。そのためには，聞き手が「仕方なく」ではなく，「能動的に」動いてくれるような，「刺さる」，そして「伝わる」英語プレゼンができるようになる必要があります。それこそが，AIにはできないマネジメントの仕事なのです。

02 最短で英語プレゼンをマスターする 2つのマインドセット

　日本人がスキマ時間を使ってTOEIC等の英語を勉強するのは決して悪いことではありません。ただ，日本人が英語を勉強している間に，他国の人は別のことを学んでレベルアップしていることを忘れてはいけません。その点で，日本人ビジネスパーソンは不利な状況にあるのです。だからこそ，英語プレゼン能力も，できるだけショートカットで身に付けるべきです。

　そのために，日本人（ノンネイティブ）が知っておくべき2つのマインドセットがあります。

マインドセット1：発音練習に時間をかけない

　最近ではSNSで英語教育系のインフルエンサーも多くなって，何となく「ネイティブ発音を真似しよう！」という気持ちになりがちです。ただし，ネイティブのように話すことが「正」と考えないようにしましょう。マネジメントがネイティブに憧れて発音の学習に時間をかけるのは，避けるべきです。理由は2つ挙げられます。

　1つ目は，ビジネスの英語プレゼンでは**ネイティブ発音だからといって評価されること**はないからです。ネイティブが常にわかりやすく話すわけではありませんし，下手なプレゼンをするネイティブもたくさんいます。

　2つ目は，もうネイティブ（欧米系）だけが主導権を取る世界ではないからです。社会においてだけでなく，企業にもダイバーシティが求められており，ノンネイティブでも優秀な人がたくさん存在します。ネイティブが一番という考え方自体がすでに古臭いのです。

「発音をよくしないとバカにされる」と思うかもしれません。もちろん，ダイバーシティがわからないネイティブはこの世にたくさんいます。ただ，言語の得手不得手だけで人の能力を測る時代ではないので，気にする必要はありません。「ダイバーシティがわからないネイティブがいることを受け入れることもダイバーシティ」くらいに気楽に考えればよいでしょう。

　所詮，英語はコミュニケーションの道具にすぎないのです。

マインドセット 2 ：雑談こそ難しい 　　　　　　　　（仕事英語のほうが簡単）

　ネイティブや帰国子女のように，あらゆる場面で英語ができる必要はありません。ビジネスパーソンなんだから，仕事英語ができればよいと割り切ることです。理由は 2 つあります。

　1 つ目が，雑談こそ難しいからです。雑談は，テレビ番組・スポーツ・政治経済・地域情報等幅広くトピックを知らなければできません。海外赴任経験者であれば共感してもらえると思いますが，長く赴任していれば雑談もできるようになります。しかし，単なる出張等で仕事以外の雑談までできるはずはありません。日本語での会話も同じことが言えますが，トピックを知らなければ愛想笑いをしながら頷くしかないのです。

　2 つ目が，**雑談しなくても仕事には支障がない**ということです。もちろん，雑談が仕事につながる場合もあるかもしれませんが，それは仕事英語が十分にできている条件下でしか成立しないのです。

03 ７つのポイントを意識すれば 上達は早くなる

　ここでは，英語プレゼンを最短で習得する７つのポイントについて説明します。

ポイント１：結論から話すことを意識する

　結論から話す意識はとても大切です。その理由は２つあります。

　１つ目は，結論から話すほうが話し手も気がラクだからです。

　日本の教育では，「起承転結」に沿って前提や背景を述べてから最後に結論を話すことが当たり前のようになっています。しかし，母国語でない英語で話す際には，賢い方法ではありません。ただでさえ英語を話すことで頭がいっぱいになのに，**構成を考えながら話すのは大変**です。

　２つ目は，聞き手も結論を先に聞いたほうが話を理解しやすいからです。ノンネイティブ同士であれば尚更です。回りくどい話し方よりは，**結論を先に話すほうが明快**です。

　日本に限らず，サウジアラビアやスペイン・イタリアなど，前提や背景から話すのが一般的な国はあります。しかし，母国語ではない言語でコミュニケーションする際には，お互い結論から入る構成のほうがメリットが多いのです。

ポイント２：ゆっくり話す

　英語プレゼンは，相手に内容を理解してもらうことが重要です。そのため，聞き手がネイティブであろうとノンネイティブだろうと，「ゆっくり話す」ことがマストです。その理由は２つあります。

1つ目は，英語プレゼンを早口ですると，途中で嚙んでしまったり，ミスが多くなったりするためです。結果，話し手がプレゼンに集中できなくなります。ミスを引きずり，焦りでさらに早口になる悪循環に陥ります。

　2つ目は，早口であるほど，聞き手が理解できないままにプレゼンが終わりがちだからです。特にノンネイティブを相手にした英語プレゼンでは気を付けるべきでしょう。

　日本人であれば学校やTOEICなどで当然教わるような英語や英単語でも，ノンネイティブである聞き手が知らない場合があります。もし早口で話してしまうと，ノンネイティブである聞き手はその英語や英単語の解読に精一杯になり，内容についていけなくなるのです。

　慣れているプレゼンターほど，誰が聞いてもわかるゆっくりとした話し方をしています。では，どれぐらいゆっくり話すか？　私の場合ですが，普段の**2倍程度遅くする感覚がちょうどよい**と思います。

帰国子女やネイティブがまくし立てるように話すのを見て羨ましがる必要はありません。マネジメント層が早口で話すのは，落ち着きがなく余裕がない印象を与え，よいことは1つもないのです。

ポイント3：単刀直入に伝える

　この点を甘く見るとグローバルビジネスシーンで痛い目にあいます。

　単刀直入な表現はトゲがあるし，雰囲気が悪くなるからと日本人は思いますが，気を遣う必要はありません。理由は2つあります。

　1つ目は，英語表現が遠慮の塊になってしまうと，相手が「何をしてほしいのか」がわからないからです。グローバルビジネス全般のルールとして「〜してほしい」「〜が必要だ」など，**ストレートに伝える**ことがマストです。

　2つ目は，非効率だからです。グローバルビジネスには，距離や時差

の問題があります。その状況下で，曖昧なやり取りをすると，再確認の手間が発生し，ビジネスの進度が悪化することにもなります。単刀直入に「何をしてほしいのか」を伝えるべきなのです。

ポイント４：単語は動詞＞形容詞＞副詞の優先度で　　マスターする

　日本人がプレゼンをするときにとても重要な考え方です。これも２つ理由があります。

　１つ目は，動詞は実務的に一番必要な単語だからです。

　コミュニケーションの根底には**人に何かアクションを起こしてもらいたい**という目的があります。「〜をしてください」「〜が必要です」などの「アクション」をまず示す必要があるのです。

　２つ目は，「まずは動詞だけ」と絞ることで，英語学習がラクになるからです。英語が嫌いな人にとっては大量の単語を覚えるのは苦痛ですが，まずは動詞からと思えば心理的なハードルが下がります。

　形容詞が動詞の次なのは，主観的だからです。「安い・高い」「できる・できない」などは，評価軸が人によって異なります。それゆえ，ビジネス英語での優先順位が動詞より低くなります。

　さらに，副詞の存在の有無でビジネス判断が大きく変わることはあまりありません。副詞を無駄に多用するほど文章が複雑で理解しにくくなります。極力そのような複雑な文章は避けるべきです。

　ただし，マネジメントとして関わる業界の専門用語は，過去の英語資料から覚えたり，業界関連の文書を読んだりして徹底的に暗記しましょう。動詞・形容詞・副詞は忘れたという言い訳も通じますが，専門用語を知らなかったり，間違えるとマネジメントとしても，ビジネスパーソンとしても恥ずかしいことなのでしっかりとした準備が必要です。

ポイント5：情報を詰め込みすぎない

　情報を詰め込みすぎてはいけない理由は2つあります。

　1つ目は，情報を詰め込みすぎてしまうと聞き手の集中力が持続しないからです。聞き手は情報が多ければ多いほど集中力を失い，かえって重要な情報を聞き逃してしまうのです。

　2つ目は，話し手の集中力が持たないからです。情報を詰め込みすぎると，暗記した内容を話すことだけに気を取られ，「伝えること」に集中できなくなります。

ポイント6：英語4技能は「話す」「書く」を重視する

　英語4技能**「読む」「聞く」「話す」「書く」**を全部できるようになるのは大変です。マネジメントが早く英語プレゼンを上達させるためには，4つを万遍なく学ぼうとせず，「話す」「書く」を重視することをおすすめします。ある程度見切らないと，習得が難しいからです。その理由は2つあります。

　1つ目は，「読む」「聞く」はモチベーションの維持が難しいためです。マネジメントにとって重要なのは，会社や社会に貢献して評価されることですが，いかに英語を読んだり聞いたりするのが得意でも，発信しなければ直接的に評価はされません。

　2つ目は，「話す」「書く」は，「読む」「聞く」に比べれば身に付けるのに時間がかからないからです。「読む」「聞く」能力は，他人が話したり書いたりしたものを解読するために必要なものなので，使われる単語，言い回し，内容そのものを自分でコントロールできません。それゆえ，広く勉強が必要になります。それに対し，「話す」「書く」は，言いたいことや書きたいことがはっきりしていれば，それに必要な最低限のものを学ぶだけで事足ります。そして，それが聞き手や読者にクリアに伝わ

れば，成長が実感できるので，モチベーション維持もしやすいのです。

ポイント7：流暢に話そうと思わない

　日本人は，流暢さがなくたどたどしい英語だと恥ずかしく思いがちです。しかし，それは勘違いです。理由は2つあります。

　1つ目は，ネイティブ（欧米系）は移民の同僚に慣れていて，ノンネイティブの発音を気にするほうが稀だからです。

　発音が気になるのは，日本人の完璧主義に由来するか，もしくは英語商材を売りたい日本企業のプロパガンダの影響です。その証拠に，海外で「英語発音矯正」といった書籍を見たことがありません。言うまでもありませんが，**発音よりも，仕事をまわせる英語の実力が大事**なのです。

　2つ目は，当然のことですが，「ネイティブ＝仕事ができる」わけではないことです。英語の実力で自信を失う必要はありません。

JBポイント

相手に合わせるのではなく，こちらに合わせてもらう気合いがないと，グローバルで戦うときにイニシアティブを取れません。
過去に私が投資銀行で働いていたときも，ネイティブに対してあえて日本語アクセントを混ぜたり，一部日本語を使ったりすることで，相手の出方を見ながら駆け引きをしていました。グローバルパーソンとして相手にリスペクトされるためには，「合わせるだけではダメ」と心得ましょう。

JBポイント

ここまで"結論を説明してから2つの理由"というパターンで解説してきました。いかがでしたか？　このような決まったパターンでのプレゼンは，聞き手側も先が予想しやすく，注意を持って聞きやすいです。人間の見たもの，聞いたものの記憶力は最大で20％程度しか残らないとも言われています。そして時には情報を歪曲してインプットしたり，都合の良い解釈をしたりしてしまうのです。だからこそ，パターンを活用することが大事なのです。

Column　AI翻訳の効率的な使用方法

　AIの技術とともに翻訳の精度が高まってきました。AI翻訳の登場によって日本語から英語に変換する手間が大幅に減ったということになります。英語が苦手な人にとって，手放せないツールになることは間違いないでしょう。その一方で，AI翻訳を信頼しないという人もいると思います。「英語はちゃんと勉強して自分の力でインプット・アウトプットするべき」という考え方です。

　私は，どちらの意見も否定するつもりはないのですが，今後はAI翻訳を使って英語でやり取りをすることが当たり前な世界が待っていると思います。というのも，現在のAI翻訳の精度は驚くほど高いレベルだからです。そのため，ルーティン的な業務については，翻訳ツールを利用してしまうほうが効率がよいのです。

　ではルーティンワーク以外では，どうなのか？　というと，これも私はAI翻訳を補助的に使うべきだと思っています。AI翻訳でベースを作って，そこから自分なりのアレンジを加えるのです。

　AIには感情がありません。ビッグデータを使って感情の真似をすることが限界なのです。シリコンバレーのシンクタンク，シンギュラリティ大学の学部長であるニール・ジェイコブスタインも「コンピューターも学習すれば人間の感情を読めるようになれるが，感情を持つことはない。それが大きな違いである」と言います。

　現代社会は技術力やアイデアも大事ですが，それ以上に「伝える」というソフトスキルが大切になってきます。どんなに素晴らしい技術やアイデアでも，聞き手から賛同を得られるような「伝え方」ができなければ，世に出すことができないからです。

　だからこそ，聞き手の共感を得るための「伝え方」を徹底的に鍛えることが，我々人間がするべきことなのだと思うのです。

第1章

英語プレゼンの要は
MBA流ロジカル思考

マネジメント（あるいはその候補）のビジネスにおける英語
プレゼンには，根底にある共通言語としてMBA流ロジカル
思考があります。第1章ではその思考法についてご紹介しま
す。

01　MECEを考えることから全てが始まる

● MECE（ミーシー）

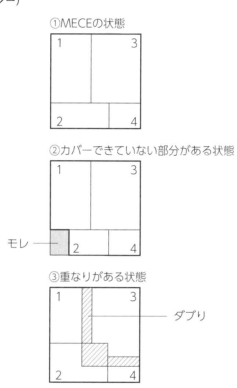

①MECEの状態

②カバーできていない部分がある状態

モレ

③重なりがある状態

ダブリ

「伝わる」英語プレゼンをするには何が必要なのでしょうか。

　本書では，マネジメント（あるいはその候補）のビジネスにおける英語プレゼンを前提とし，解説していきます。

ビジネス英語プレゼンの根底にある共通言語

　グローバル社会において，マネジメントの多くがMBAを取得しています。そして，根底にある共通言語としてMBAでも学ぶロジカル思考があります。ロジカル思考は，発音がネイティブ風であることよりずっと重視されることで，ロジカル思考ができていない英語プレゼンは伝わりにくくなりますし，聞き手に評価されません。

　このロジカル思考の根底にあるのがMECE（ミーシー）なのです。

MECEとは

　MECEは，コンサルティング会社マッキンゼーに勤めるバーバラ・ミントが考案しました。MECEとは，「モレなく，ダブりなく（Mutually Exclusive, Collectively Exhaustive）」の頭文字で，「いかにわかりやすい報告書を書くか？」といった視点での整理の方法を示しています。

　状況を整理せず当てずっぽうで問題解決を図っても，効率が悪くなります。そこで，直面する問題についての切り口を左図の①〜③のように定義します。

　プレゼンにおいては，スライドやスピーチスクリプトを作る際に，この検討がマストです。

　左図①が「モレなく，ダブりのない」状態ですが，③では斜線部分が示すように，切り口が重複するダブりが発生しています。重複のある文章だと頭の整理がしにくくなります。

　一方で②にはモレ（グレー部分）が発生しています。モレがあると，説得力に欠けてしまいます。

02 ロジックツリーで整理する

● ロジックツリー

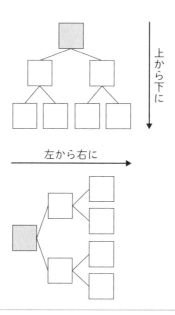

上から下に

左から右に

　論理展開がMECEで整理されていれば，人々に受け入れやすく（あるいは反対されにくく）なります。何よりも聞き手に納得感を与えやすくなります。

　ただ，MECEにあまり触れたことがない方にとっては，最初は何をどうすればいいのかわかりません。MECEのベースとなるのが，ロジックツリーによる整理です。

ロジックツリーとは

ロジックツリーは，上記のように一番上（もしくは一番左）にその議論の対象を置くことから始まります。そこから下（もしくは右に）向かって枝葉が分かれていきます。下側（もしくは右側）にいくほど，具体的な内容になります。

ロジックツリーの分解ルール

ロジックツリーの分解は，経営の問題解決に役立ちます。Where（どこに），Why（どうして），How（どうやって）に焦点を当てることで，問題の所在の正しい見極めと解決ができます。

このロジックツリーの分解には，6つの切り口があります。

6つの切り口
① 2項対立
② 数値分割
③ プロセス思考
④ 因数分解
⑤ 類似性の分割
⑥ 因果関係の分割

ちなみに，類似性の分割と因果関係の分割では，完全なMECEを作り出せるとは限りません。なぜなら，分割する際の定義や仮定によって恣意的になるからです。

03以降では，この**ロジックツリーの分解の6つの切り口**をそれぞれ見ていきましょう。

03 6つの切り口①：2項対立

● 2項対立の事例

既婚者と未婚者

国内と国外

賛成と反対

2項対立とは

　2項対立は，2つの事象や物事を認識するために作成します。2つにすることで物事を単純に捉えることができます。ただし，完全に反対の事象を設定しなければMECEではなくなる可能性があります。

2項対立の事例

　2項対立の事例として，例えば，顧客を「購入した」と「購入しな
かった」で分けたり，「既婚者と未婚者」「国内と国外」「賛成と反対」
などで分けたりすることが挙げられます。

2項対立を使ったオバマの大統領選挙勝利演説

　2項対立を使った典型的なスピーチをここで紹介します。2008年11月
に当時米国の大統領だったバラク・オバマが行った大統領選挙勝利演説
の一部です。まさにMECEに沿い，2項対立を巧みに使ったスピーチで
す。

It's the answer spoken by young and old, rich and poor, Democrat and Re-
publican, black, white, Latino, Asian, Native American, gay, straight, dis-
abled and not disabled – Americans who sent a message to the world that
we have never been a collection of Red States and Blue States: we are, and
always will be, the United States of America.

　その答えは，若者と高齢者，持てるものと持たざるもの，民主党支持派と共和党支持者，
黒人と白人とラテン，アジア人とネイティブアメリカン，ゲイとストレート，障害者と健
常者によって出されたものだ。

　アメリカ人が世界に示したのは，アメリカは単なる赤（共和党のカラー）と青（民主党
のカラー）の州の集合体ではなく，アメリカは今までも，そしてこれからもアメリカ「合
衆国」であるということです。

04 6つの切り口②：数値分割

● 数値分割の基本図解

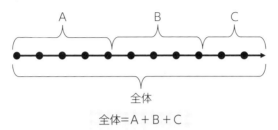

全体＝A＋B＋C

● 数値分割事例：プロダクトライフサイクル

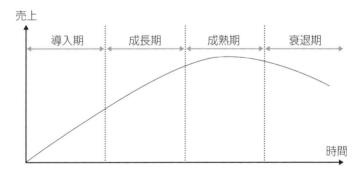

	導入期	成長期	成熟期	衰退期
売上	低水準	急成長	維持・ピーク	低下
資金需要	高水準	高水準 (比率は低下)	低下	低下

数値分割とは

　数値分割とは，対象をある数値（ファクター）によって分析することをいいます。分析の対象は年齢，金額，距離，点数，割合など多岐にわたります。イメージで表すと左図（数値分割）のような感じです。

　左図（数値分割）を使って年齢のケースを考えてみましょう。Aの枠を10代〜30代，Bの枠を30代〜50代，Cの枠を残りの世代と分けることができます（10代以下は，例えば自動車購入のようなケースだと存在しないため，モレはないものとします）。

　金額であれば消費金額などで区切って商品販売ターゲットをグループ分けします。その他のファクターでも同じです。

プロダクトライフサイクル

　MBAで学習するプロダクトライフサイクルも，数値分割の１つです。商品が生まれてから衰退していく期間を全体として，導入期・成長期・成熟期・衰退期の４段階に分けます。

6つの切り口③：プロセス思考

● プロセス思考の基本図解

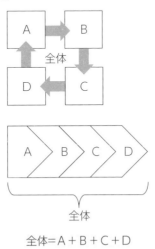

全体＝A＋B＋C＋D

● プロセス思考事例：生産管理の業務フロー

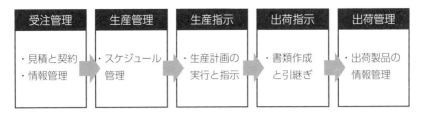

プロセス思考とは

　プロセス思考はビジネスで多く使われます。時系列に沿って整理をすることで論理展開に対する納得感を出します。

　例として，改善の際に使われる業務フロー，バリューチェーン，製造プロセス，ガントチャートなどがあります。このプロセス思考においては，業務を「モレなく，ダブりなく」洗い出すことが大切です。

生産管理の業務フロー

　プロセス思考の事例として，例えば，生産管理の業務フローがあります。業務フローは，生産管理の業務を全て洗い出して作成します。業務フローを作成することにより，各プロセスのあるべき姿を理解し，現状の無駄な工程や非効率業務は何かを見つけ出し改善させることができます。

JBポイント

なお，消費者の購買行動モデルであるAIDMA（アイドマ）もこのプロセス思考の一種です。

6つの切り口④：因数分解

● 因数分解の基本図解

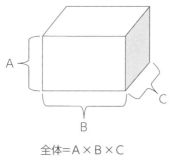

全体＝A×B×C

● 因数分解事例：アカウンティングと因数分解

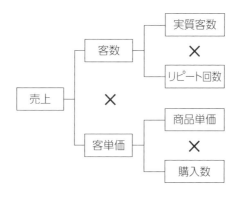

因数分解とは

　因数分解は掛け算で全体を捉える考え方をいいます。イメージは上図の基本図解のとおりです。

アカウンティングと因数分解

　因数分解は，一般的にアカウンティング（会計）で売上分析の1つとして使います。分析ではお金回りだけでなく，マーケティングや戦略の要素を含めた分析もします。具体的には以下のような因数分解が挙げられます。

- ●売上＝客数×客単価
- ●売上＝従業員1人当たりの売上×従業員数
- ●CTR（Click Through Rate）※＝$\dfrac{クリック数}{露出回数}$

  ※広告が表示された回数のうち，クリックされた回数の割合

- ●CVR（Conversion Rate）※＝$\dfrac{アクション数}{クリック数}$

  ※広告のクリック総数のうち，実際に販売（コンバージョン）につながった回数の割合

　例えば，売上を因数分解して導き出した客数と客単価をさらに因数分解すると，実質客数とリピート回数，商品単価と購入数という要素に細分化されていきます。

　このように，売上を因数分解することにより，改善の余地のある箇所が浮き彫りになります。モレなくダブりがない因数分解により納得感が高まり，今何をするべきかが理解できます。

6つの切り口⑤：類似性の分割

● 類似性の分割の基本図解例

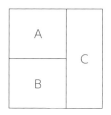

全体＝A＋B＋C

類似性の分割とは

類似性の分割は2項対立の応用のようなもので，類似しているものを分ける場合に使います。

類似性の分割の例

自動車を類似するもので分割してみましょう。例えば，以下のような切り口になると思います。

● 広義：乗用車・バス・トラック，その他で分割する
● 乗用車（一般消費者向け）：セダン，SUV，クーペ，ワゴン，その他で分割
● メーカー：トヨタ，日産，ホンダ，マツダ，スバルなどで分割

広義では，「乗用車・バス・トラック」以外を「その他」としました。
細かくすると重複したり，分析の本質が見えなったりするため，あえて抽象化することも論理展開には大切です。

08　6つの切り口⑥：因果関係の分割

● 因果関係の分割

結果 売上が急激に落ちた

原因① 売り場での顧客対応が悪くなった
原因② 商品の評価が落ちた
原因③ 以前と比較してプロモーションをしなくなった

● 因果関係の分割事例：マーケティングの４Ｐ

因果関係の分割とは

　因果関係の分割は，戦略のケースにも多数使えます。例えば，売上が急激に落ちたという結果に対して，原因を挙げていくなどです。この原因を挙げることで，戦略立案も非常にやりやすく，何を行動するべきか一目で見えてきます。

マーケティングの4P

　因果関係の分割の1つにマーケティングの4Pがあります。マーケティングの4Pとは，Product（商品），Price（価格），Place（場所），Promotion（宣伝）の4つのPを指します。この4つのPに分けて売上改善の打ち手を考えることで，「モレとダブリ」を最小限にできます。

ポーターのファイブフォースなどもこの因果関係に当てはまります。ファイブフォースについては後で説明します（88頁）。

MECEではきれいに分けることが基本です。ただし，実際のビジネスではMECEのようにまとまらないケースも多々あります。一部重複していたり，要素が欠落していたりします。多少の重複はスルーしてもよいですが，要素の欠落（モレ）は排除したほうがよいでしょう。ちなみに，この重複や欠落の発見こそが，現状の問題認識やビジネスチャンスにつながる糸口だったりします。

Column プレゼンと議事録等資料の違い

『Amazonのすごい会議』（東洋経済新報社）を読むと，Amazonでの会議資料には，パワーポイント＆箇条書き資料は禁止とされ，基本会議資料はワード１枚による物語文章（ナラティブ－narrative－）にするのがルールだそうです。その理由は，パワーポイントなどの図や箇条書きは人によって解釈が違うため，認識の離齟が起きてしまうからだそうです。このやり方，私も全く同意見です。ただし，条件付きの同意ですが。

まず，資料というと皆さんはどうしても"全て"共通するものと想像するかもしれませんが，少し違うことに注意してください。実は，資料が「プレゼン目的の資料」か「社内共有用（代表例：議事録）の資料」かで，大きく意味が異なるのです。簡単に目的を定義すると以下のようになります。

- 議事録（関係者@社内）：
   目的：アジェンダの共有，不在の人に対する連携，以前の決定事項の
      確認　他
- プレゼン（関係者・それ以外知識レベルが異なる人含む@社内・社外）：
   目的：プレゼンの狙いの共有，知ってもらいたいこと，大枠の通知　他

このように，発表する場によって異なる使い方をしなければなりません。会議議事録で大まかな資料を作っても全く意味がないですし，プレゼンでワードにぎっしり詰め込んだ文章を作っても誰も聞きません。いずれの形態にしても，どんなに頑張って作っても目的を間違えた資料は受け入れてもらえないのです。

ちなみに，Amazonはパワーポイント（もしくは同様の形式）を完全に排除しているわけではありません。彼らの外部向けIR資料を見ると，しっかりパワーポイントを使っています。

第2章

大中小の法則を知れば
英語プレゼンがラクになる

MBA流ロジカル思考ができていても，実際に英語プレゼンをどう構成していけばよいかは悩むところです。第2章では，誰でも英語プレゼンが簡単にできるようになる大中小の法則をご紹介します。

01 大中小の法則とは

◉ 英語プレゼンのフォーマット：大中小の法則

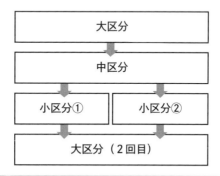

英語プレゼンのフォーマット

　大中小の法則は，私が自信を持って英語プレゼンができるようになったきっかけです。この方法を編み出したのは2017年で，それ以降多くの生徒に教えていますが，「英語プレゼンをすることに対して抵抗がなくなった」「突然英語プレゼンを頼まれても慌てずにできる」と評価されています。

　これだけで英語プレゼンができるようになるとは，にわかに信じ難いかもしれません。確かに，英語力を上げるのは時間がかかります。しかしそれは，英語4技能全てを学習している場合の話です。**英語プレゼンというスピーキングの1つだけにフォーカスすれば，そこまで時間がかからない**のです。

　大中小の法則にプレゼンしたい内容を当てはめていくことで，無理なく外国人にも伝わるようになります。

大区分→中区分→小区分①②→大区分（2回目）

それぞれの区分について説明していきましょう。

大区分 大区分では，自分の主張を述べます。例えば，「自分が思っていること」「自分が心配していること」「自分の今後の予定」などが挙げられるでしょう。

中区分 中区分では，大区分を説明するための資料やデータ，図などを提示します。

小区分①② 中区分の資料やデータ，図などを見てもらいながら，大区分の主張を思い立った具体的な理由や事実を話していきましょう。例えば，過去と現在の比較，よい点と悪い点，自分と他人等を比較します。この小区分は，自分の主張の根拠になるもので，大切になってきます。

大区分2回目 最後に大区分での主張を繰り返します。その際に必要であれば，追加的に情報を加えることもできます。

JBポイント

各グループの抽象度を揃えること意識しながら，この大中小のフォーマットに埋めていくようにしましょう。大中小で抽象度が混在する文章にしてしまうと，聞き手は混乱する可能性があるからです。

❖ ケーススタディ ｜ 大中小の法則を使ってヨガをすすめる

あなたは，「ヨガはとても素晴らしいエクササイズである」と主張したいとします。どのように構成すればよいでしょうか？

まずは，大中小のフレームワークにどのように当てはめればよいのか理解するため，日本語で文章を作ってみましょう。

大区分では，主張を述べます。

中区分では，スライドや図を紹介し，聞き手を視覚からプレゼンの本題へと誘導します。小区分では実体験をベースに2つの理由を挙げます。このヨガのケースでは，①身体的なメリット②心理的なメリットと2つに分けて紹介します。

　最後に，この小区分で述べた2つの理由から「ヨガはとても素晴らしい」とサンドイッチさせて完了です。

大区分　「私はとてもヨガが好きです。そして素晴らしいものだと思っています」

中区分　「次の写真を見てください。私がヨガをしている様子です」（写真を提示）

小区分①　「ヨガはまず身体的にとてもよいです。エクササイズができます。さらに健康的に痩せることができます」

小区分②　「ヨガは心理的にもよいです。リラックスできるし，日常を忘れることができるのです」

大区分2回目　「以上の理由が，私がヨガを素晴らしいと思う理由です。皆さんも一緒にやりませんか？」

JBポイント

最初に明確に主張して，そこから写真⇒理由と誘導していますが，かなり説得力があります。そして何よりも短文をつなげたプレゼンなので，スピーチのプレッシャーも軽減できます。実はこれぐらい短い文章が一番聞き手に響くプレゼンなのです。また，このパターンはプライベートとビジネスの両場面で使うことができるので，非常に便利なツールだと思います。

02 Cheat sheetを作ればよりラクに

● Cheat sheetの例

日本語	大	中	小	大2回目
趣味	ヨガの素晴らしい効果	スライド(写真)紹介	身体にいい(身体的側面) / 気持ちいい(心理的側面)	ヨガの素晴らしい効果(繰り返し)

英語	大	中	中	大
hobby	Wonderful benefits of yoga	Introduction of slides or pictures	It's good for my health (Physical) / It feels good. (Mental)	Wonderful benefits of yoga (Repeat)

Cheat sheetとは

　聞き手の前に立つと，とっさに言葉が出てこないことは多々あります。自分の話す内容を何となく頭で覚えているだけで，繰り返しの練習が足りていないことが原因です。

　繰り返しの練習に効果的なのが，Cheat sheet（チートシート，カンペ）です。このCheat sheetを作ることで，自分が話すべき内容が蓄積されますし，理由付けがあやふやだったり，話す順番を忘れたり，トピックを思い出せないという問題も解消します。また，Cheat sheetは，紙に出力してもスペースに限界があるため短い文章しか入力できません。だからこそ，必要な単語や言葉だけに絞り込むことができるのです。

　論理整合性のある大中小の法則を作る際のコツは，とにかく書き出してみるということです。それぞれをMECEにする，上位から下位，もしくは右から左へ具体的なものにしていきます。特に，大区分と小区分の関係は以下のように考えます。

「原因－結果」
「目的－手段」
「全体－部分」

　時折，既存のカテゴリーに当てはまらないケースもでてきたりしますが，その場合は新しい枠を作ってみるとよいでしょう。そのうえで，自分以外の人にもチェックしてもらいながら，客観的に検討していくことが大切です。例えば，「原因－結果」のケースで，小区分の内容が大区分の原因になっているかどうかを，客観的に確認するのです。

　大区分から小区分への分解は，基本2～3つで練習するのがよいと思います。この理由は，たくさんに分解してしまうと，全体を把握できなくなり，モレやダブリが発生する恐れがあるからです。

第3章

MBAフレームワークを使った
英語プレゼン〈実践24〉

第3章では，先ほど紹介したロジックツリーの分解の6つの
切り口に当てはまるMBAフレームワークを挙げ，どのよう
に英語で説明していくのかを紹介します。

異文化カルチャーマップ〈組織・戦略〉

6つの切り口	☑2項対立 □数値分割 □プロセス思考 □因数分解 □類似性の分割 □因果関係の分割

● 異文化カルチャーマップ

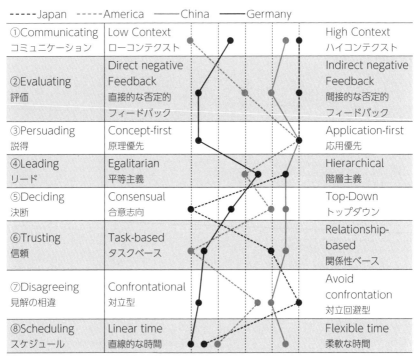

----- Japan ----- America ──── China ──── Germany

出典：エリン・マイヤー著『異文化理解力——相手と自分の真意がわかるビジネスパーソン必須の教養』（英治出版）から筆者作成

　まず，異文化カルチャーマップを利用した国の文化比較についてのプレゼンを紹介します。

　異文化カルチャーマップは，世界中のエグゼクティブへの18万件以上のインタビューからまとめられた指標です。各国のコミュニケーション

方法，決断方法，リーダーシップのスタイルなど8つの指標があります。自分の国や相手の国の指標レベルを理解することで，職場における意思決定の際に，コミュニケーションを円滑にするのに役立ちます。

　では，このカルチャーマップの一部を使ってプレゼンしてみましょう。

❖ケーススタディ　｜　異文化カルチャーマップを使って日本を伝える

　米系企業に勤めているあなたが，アメリカ人マネジメント層に日本に支店を作るときの注意点を説明するとします。異文化カルチャーマップを使い，マネジメントが理解できるよう伝えてみてください。

大：Needless to say, Japanese culture is very unique compared with other country's cultures. Prior to a Japan branch open, it is important for us to have a basic understanding of how our culture is different from other cultures especially in terms of business.

　言うまでもなく，日本の文化は他国の文化に比べて非常に独特です。日本支社の開設前に，日本の文化が他の文化とどのように違うのか，特にビジネスの面で基本的な理解をしておくことが重要です。

中：The data referring to "culture map" represents cultural differences in eight different categories.

　このデータは，カルチャーマップを参照したものですが，与えられた8つの要素における文化の違いを表しています。

小①：Please check ①, ② and ⑦. As we do not like to fight, we try to avoid any unnecessary conflict. Also, unlike in low context cultures, we do not express ourselves directly nor do we give negative feedback directly in an evaluation. It is the relationship, above all, that is the most important factor when conducting business in Japan.

　①，②そして⑦を見てください。私たちは争いを好まないので，不必要な争いを避けようとします。また，低コンテクスト文化圏とは異なり，自分を直接的に表現

したり，評価で直接的に否定的な意見を述べたりすることはありません。日本でビジネスをする上で最も重要なのは，何よりも人間関係なのです。

小②： And please also check ⑤, we do not like to own the responsibility of a business decision all by ourselves. As such we do not make business decisions personally, but rather, we make these decisions after everyone has shown their mutual agreement.

　そして⑤を見てください。経営判断の責任を一人で背負うことはしたくありません。そのため，個人で経営判断をするのではなく，全員が納得したうえで判断しています。

大2回目： Now you can see the major cultural differences. I believe the most efficient way is to assign tasks and delegate authority according to the values and characteristics of each employee after we understand these fundamental cultural differences

　大きな文化の違いがおわかりいただけたと思います。このような根本的な文化の違いを理解したうえで，各従業員の価値観や特性に合わせて仕事を割り振り，権限を委譲することが一番効率的だと思います。

JBポイント

日本市場への進出を目的に，その文化の特徴を米系企業の立場でマネジメント層に紹介しています。
大区分では日本の独特の文化を学ぶ大切さに触れて，スライドを紹介しています。
さらに，日本文化の特徴を大きく2つに絞り，具体例を説明することで聞き手の理解を促します。
最後に，大区分を繰り返しています。

🔑 **prior to**　〜を前に
🔑 **refer to**　〜を参照にして
🔑 **conflict**　紛争
🔑 **context**　文脈
🔑 **mutual agreement**　相互の合意
🔑 **assign**　〜を割り当てる
🔑 **delegate**　〜を委任する／委譲する
🔑 **authority**　権限

02　業績対比〈戦略・ファイナンス〉

6つの切り口	☑2項対立　□数値分割　□プロセス思考　□因数分解　□類似性の分割 □因果関係の分割

● **Appleのマネジメントによる業績比較**

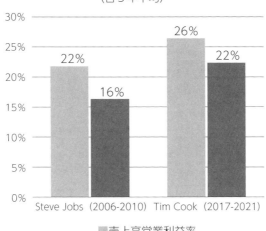

Apple 営業利益率と純利益率 比較
（各５年平均）

出典：Appleの各年の年次報告書（10K）より筆者作成

　競争会社や部署間や個人間の業績対比は，プレゼンでの常套手段です。対比させるグラフは他にも多々ありますが，ここでは棒グラフを使用します。

　あなたはMBAに通っています。リーダーシップのクラスで発表することになり，Appleの偉大なイノベーションの根源である元CEOのスティーブ・ジョブズと同社を時価総額１兆円超までに達成させた経営のプロであるティム・クックの業績について比較することにしました。あなたは，ティム・クックがスティーブ・ジョブズよりもマネジメントでは優れているという視点で構成することに決めました。

　期間はそれぞれのCEOとしての最後の５年間を抽出してグラフを作成しました（スティーブ・ジョブズの場合は2006年から2010年の５年間，ティム・クックの場合は2017年から2021年の５年間）。これをどのように説明すればよいでしょうか。

大：There is no doubt that Steve Jobs was a savvy business person and great innovator. However, the data proves that Tim Cook had a more effective management style than him.

　スティーブ・ジョブズは，経験豊かなビジネスパーソンであり，偉大なイノベーターであったことは間違いありません。しかし，ティム・クックは彼よりも効果的な経営スタイルを持っていたことが，データによって証明されています。

中：This slide shows the comparison of Apple's CEOs, Steve Jobs and Tim Cook, performance for their last 5 years as CEO.

　スライドはAppleのCEOスティーブ・ジョブズとティム・クックのCEOとしての最後の５年間のパフォーマンスを比較したものです。

小①：The profit margin shows Steve Jobs at 22％ and Tim Cook at 26％
　売上高営業利益率は，スティーブ・ジョブズが22％，ティム・クックは26％でした。

小②：The net income margin shows Steve Jobs at 16％ while Tim Cook is at 22％.
　売上高純利益率は，スティーブ・ジョブズが16％，ティム・クックは22％でした。

大２回目：The bigger the company becomes, the harder management is going be. It is safe to say that no one doubts that Steve Jobs was a great innovator. However, according to this data we can say that Tim Cook was better at management as he could maintain remarkable growth in the company despite Apple becoming a giant company.

　会社が大きくなればなるほど，経営は難しくなります。スティーブ・ジョブズが偉大なイノベーターであったことに疑いの余地はないでしょう。しかし，このデータによれば，Appleがこれほど巨大化したにもかかわらず，目覚ましい成長を維持したティム・クックのほうが，経営者として優れていたといえるのではないでしょうか。

JBポイント

まずは，「ティム・クックがスティーブ・ジョブズより高いマネジメントスキルを持っている」と主張します。
そこから，「なぜそう思ったのか？」をスライドを使い持論を展開します（期間を指定することを忘れないでください）。
次に，小区分である2つの理由もしくは事実を伝えます。グラフの内容をそのまま読んでも構いません。
そして，大区分を繰り返して文章は完成です。

- **savvy**　経験豊富な
- **comparison**　比較
- **profit margin**　売上高営業利益率（もしくは営業利益率）
- **net income margin**　売上高純利益率（もしくは純利益率）
- **remarkable**　際立つ

ランチェスターの法則〈マーケティング〉

● 強者の戦略と弱者の戦略

強者の戦略 (地域・業界などで占有率1位)	弱者の戦略 (地域・業界などで占有率2位以下)
基本戦略：『直ちに追随』	基本戦略：『差別化』
【5つの要素】 ・大きな市場 ・数打てば当たる ・テレビCMなどのイメージ広告 ・ヒト，モノ，カネ，情報の総合力 ・有利なステージへ誘導する	【5つの要素】 ・隙間(ニッチ)市場 ・ライバルの少ない市場 ・顧客とのスキンシップ ・切捨集中(資源割当 etc.) ・自分たちの手の内を隠す

　ランチェスターの法則は，**弱者の戦略**と呼ばれる第1法則と，**強者の戦略**と呼ばれる第2法則に分けて考えます。

　強者の戦略とは，赤軍（5人）と青軍（3人）が戦ったとき，近代兵器や遠隔で戦うと攻撃力がその2乗になるというものです。計算上$5^2 - 3^2 = 4^2$となり赤軍は5人中4人が生き残ることになります。

　それに対し，弱者の戦略はこの2つの軍が「一騎打ち」で戦うことを前提にします。この場合，計算式は$5 - 3 = 2$となり，これも赤軍が勝ちます。しかし，この場合2人しか生き残ることができません。

　ここからわかることは，数で負ける青軍は強者の戦略を選択せず，別の戦略を考えるべきということです。

　そして，そもそも兵力（5人vs3人）では勝てないとわかっていれば，兵力の薄い箇所を狙うのです。例えば，1人しか兵力がいない赤軍の手薄な箇所に全兵力である5人を投入して勝ちにいきます。

❖ ケーススタディ ｜ ランチェスターの法則を用いて戦略を説明する

あなたは、弱者の戦略を採用すると決め「自分たちは大企業Aに立ち向かっていく！」というプレゼンをランチェスターの法則を用いてするとします。

大：Compared with Company A, we have much lower sales, less property, and fewer employees. We must improve the current situation.

　企業Aと比較すると、我々は売上、設備、従業員数の点で非常に劣っています。この状況を改善しなければなりません。

中：This strategy shows us how we have a chance of moving to the number 1 position. Here is what we should do next.

　この戦略は、我々がNO1になるチャンスをどのように得ればよいか教えてくれます。アイデアはこうです。

小①：First, we are going to avoid competitive markets occupied by Company A.

　まず、現在企業Aが占拠している競争市場を避けていきます。

小②：Second, we are going to put all of our resources into markets where Company A does not have fair market share.

　次に、企業Aがあまりマーケットシェアを持たない市場に全てのリソースをつぎ込んでいきます。

大2回目：By implementing this strategy, we can improve the current situation and win the game over Company A.

　この戦略を実行することで、現状を改善できるし、企業Aにも勝てることができるでしょう。

JBポイント

まず，大区分では，比較で自社の現状分析をし，そしてゴール設定をしています。
中区分で，戦略のイメージ図（ランチェスター法則）を見せ，小区分でどのような具体的なアクションを起こすべきかを説明します。
そして，最後に大区分を繰り返します。
外国人マネジメント層がよく使うプレゼンの構成です。

- **property**　設備
- **improve**　〜を改善する
- **avoid**　〜を避ける
- **competitive**　競争する
- **occupy**　〜を占拠（占有）している
- **implement**　〜を実行する

04 プロダクトライフサイクル（時間）
〈マーケティング〉

6つの切り口	□2項対立　☑数値分割　□プロセス思考　□因数分解　□類似性の分割
	□因果関係の分割

● **ある会社のプロダクトライフサイクル**

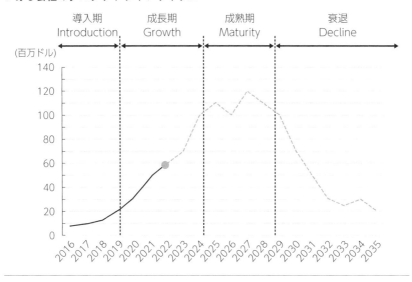

　プロダクトライフサイクルは，1950年にジョエル・ディーンが提唱したものです。製品やサービスが発売から衰退していくまでの生涯の推移を示します。プロダクトライフサイクルを使ったプレゼンを紹介します。

2022年現在，あなたの会社は成長期にあります。そして，さらに企業を成長させるためにどういう戦略を立てていくのかについて社内の中心メンバーに説明しようとしています。あなたは，現在のプロダクトがどういう状況にあるのかを確認して，そこから今後の戦略について語る必要があります。

大：What can we do to further stretch sales over the next five years? Here is an idea.

　今後5年の間で，売上をさらに伸ばすためにはどうしたらいいでしょうか？　こんなアイデアがあります。

中：This graph shows the general product life cycle, reflecting our industry forecast.

　このグラフは，一般的なプロダクトライフサイクルで，今後の業界予想値を反映したものです。

小 ①：Our product sales grew threefold in the five years from 2016 to the present. In other words, we have shifted from the introduction stage to the growth stage.

　我が社の商品売上は，2016年から現在までの5年間で3倍の成長をしてきました。すなわち，導入期から成長期ステージにシフトしてきた状況です。

小②：However, the research firm expects the product trend to peak out in about five years.

　しかし，今後は，商品トレンドが5年ほどでピークを迎えると調査会社は予想しています。

大2回目：In other words, we need to increase our market share before the peak. In order to shift to the "maturity" position from the "growth"position, there are 2 pillars needed to implement. One, we need to increase our market share aggressively by expanding the sales channel. Two, we need to differentiate our product from others so as to fortify an entry barrier. These are the important key steps we need to tackle for answering this question.

　すなわち，ピーク前に市場シェアを拡大する必要があります。現在の成長期から成熟期へとたどり着くためには，実行すべき２つの柱があります。１つ目は，セールスチャネルの拡大をすることで積極的に市場シェアを増やすこと。２つ目が，他の製品との差別化をすることです。これにより，参入障壁を強化することができます。これらが，この問いに答える，我々が取り組むべき重要なキーステップだと思っています。

JBポイント

まず「売上を成長させるために何が必要か？」と疑問を投げかけます。そして，一般的なプロダクトライフサイクルのグラフを使い，想定される現時点の位置から将来の市場の変化を紹介し，最後に変化に対応するための２つの施策を出します。ここでは，「セールスチャネルの拡大」や「差別化」を出しました。
最後に，大区分を再度伝えて文章は完成です。

🔑 **stretch** 〜を伸ばす
🔑 **reflect** 〜を反映する
🔑 **forecast** 予想／〜を予想する
🔑 **peak out** ピークに達する
🔑 **pillar** 柱
🔑 **tackle** 〜に取り組む

05 積み上げ棒グラフ（基本）
〈戦略・マーケティング〉

6つの切り口	☑ 2項対立　☑ 数値分割　□ プロセス思考　□ 因数分解　□ 類似性の分割
	□ 因果関係の分割

● ネットフリックスの有料会員数に関する積み上げ棒グラフ

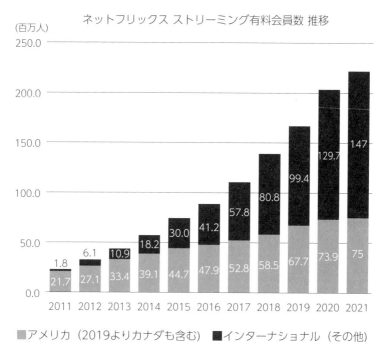

ネットフリックス ストリーミング有料会員数 推移

（百万人）

出典：ネットフリックスの各年の年次報告書（10K）より筆者作成

　シンプルな棒グラフは，ランキングや分布等いろいろな用途で使われます。ここでは，棒グラフを用いてプレゼンしてみます。

❖ケーススタディ ｜ ネットフリックスの有料会員数の伸びと戦略

あなたは，ネットフリックスのマネジメント層だとします。米国とインターナショナルの2つの有料会員数の増加率の違いをグラフから紹介し，自身が考える戦略を共有することにしました。

まずは，現状について客観的な事実を述べ，意見や今後の戦略を述べます。客観的な事実を元に説得力のあるプレゼンを作ってみましょう。

大：The number of our own paid membership is an important factor that has a significant impact on our sales. However, the growth in the number of our paid membership in the U.S. and Canada has been slowing down.

自社の有料会員数は，我々の売上に大きく影響を及ぼす重要な要素になります。ところが，最近は自国米国やカナダの有料会員数の伸びが鈍化してきています。

中：This graph shows the number of paid membership in the U.S. & Canada and International (Other) over the past 10 years.

このグラフは，過去10年における米国・カナダとインターナショナル（その他）の有料会員数の推移を表したものです。

小①：The area in grey is the number of paid membership in the U.S. and Canada. This group reached 75 million at the end of 2021.

まずグレーの部分は，米国とカナダの有料会員数です。2021年末時点で，7,500万人に至っています。

小②：The area in black shows the number of "International" paid membership. This group has grown considerably from only 2 million in 2011 to nearly 150 million today.

黒色の部分は，インターナショナル（その他）の有料会員数を示しています。このグループは，2011年には200万人しかいなかったのが，現在では1億5千万人近くまで大幅に増加しています。

大2回目：As for the U.S. and Canada, a competition is fierce and membership growth is not expected to be dramatic. Therefore, it is important to increase the number of paid members by increasing the company's unique content for international members.

　米国・カナダに関しては，競争が激しく，会員数の劇的な増加は見込めません。そのため，インターナショナル（その他）会員向けに自社独自のコンテンツを充実させ，有料会員数を増やすことが重要です。

JBポイント

大区分で自社の売上に影響する要素である有料会員数を挙げ，米国とカナダで伸びが鈍化している点について触れます。
そして，中区分で有料会員数の推移を視覚化した棒グラフを紹介します。小区分①で米国とカナダ，小区分②でインターナショナル（その他）の状況を紹介して，最後に再び伸びの鈍化を伝えることで聞き手に事実を理解してもらいます。そこから，自身が考える戦略を伝えます。

- **grow**　成長する
- **considerably**　かなり・すごく
- **fierce**　激しい
- **dramatic**　劇的に
- **unique content**　独自コンテンツ

06 積み上げ棒グラフ（応用）
〈マーケティング・ファイナンス〉

| 6つの切り口 | □2項対立　☑数値分割　□プロセス思考　□因数分解　□類似性の分割 □因果関係の分割 |

● Appleの製品別100%積み上げ棒グラフ

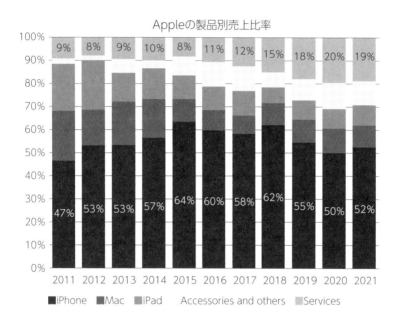

Appleの製品別売上比率

■iPhone　■Mac　■iPad　Accessories and others　■Services

出典：Appleの各年の年次報告書（10K）より筆者作成

　100%積み上げ棒グラフは，構成比を説明する場合に使います。時系列に展開すれば，その推移を説明することもできます。

あなたは証券会社の株式アナリストで，Appleの売上推移を顧客にプレゼンするとします。過去10年間のAppleの売上構成比を使い，「iPhoneその他プロダクトの需要の変化」というテーマで，拡大しているもの縮小しているもののすう勢について説明することにしました。

大：Demand mix for Apple products has changed over the past 10 years. As opposed to that, iPhone still makes up a high share of Apple sales. Today let me introduce how their portfolio has changed.

Apple製品の需要構成がここ10年で変化してきています。一方で，iPhoneに関しては，Appleの売上の中でいまだに高いシェアを持っています。本日は，Appleのポートフォリオがどのように変わってきたかを紹介したいと思います。

中：This is a 100 % stacked bar chart, illustrating part-to-whole changes in Apple products over time.

この100%積み上げ棒グラフは，過去10年のAppleの売上構成の推移を表したものです。

小①：As shown in black, iPhone's share in Apple sales is over 50 % and has moved between 50-60 % average.

黒色の部分で示しているように，iPhoneはAppleの売上の50%以上のシェアを占め，これまでも50〜60%の間で推移してきました。

小②：On the other hand, each respective share for "accessories and others" and "Services", as shown at the top of the chart, have increased considerably while "Mac" and "iPad" shares have decreased to 10 % respectively.

一方で，MacとiPadのシェアがそれぞれ10%に減少しているのに対し，グラフ上部にある "アクセサリーその他" と "サービス" のシェアはそれぞれ大きく増加しています。

大２回目： This analysis helps us to understand how the demand mix has changed over the past 10 years and where Apple is headed in the future.

　この分析で，我々は需要構成が10年でいかに変わり，Appleが将来どこを目指していくのかを理解することができます。

JBポイント

まず，結論である需要構成の変化に焦点を当て，具体的に証明するために中区分でグラフを紹介します。

小区分では，変化がなかった箇所と変化があった箇所に注目します。小区分①では，グラフ内黒色部分のiPhoneの売上割合があまり大きく変化していないことを説明し，小区分②では，アクセサリーその他とサービスの２部門のシェア増加とMacとiPadのシェア減少を対比させます。

最後に結論として，変化の確認ができたこと，そして今後のAppleの戦略について触れます。

🔍 **demand mix**　需要構成
🔍 **as opposed to**　〜とは反対に
🔍 **part-to-whole**　全体に対する部分
🔍 **respectively**　各々
🔍 **head**　〜に向かう

● ウォーターフォール

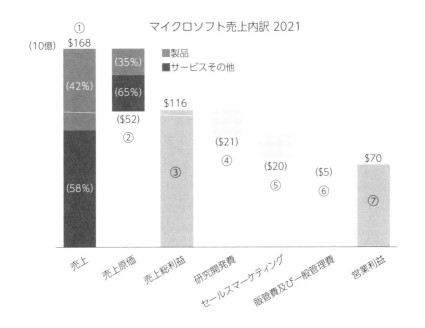

出典：マイクロソフトの年次報告書（10K 2021）より筆者作成

　ウォーターフォールとは，主にファイナンスで使われ，売上やキャッシュ等について，ある期間の開始から最後までの増減の過程を表し，その過程に中間要素を取り入れて視覚的に表したものです。例は，マイクロソフトの売上が営業利益に至るまでの増減内容で，数値分割の1つです。

❖ ケーススタディ ｜ マイクロソフトの売上内訳

　あなたは，マイクロソフトのIR（Investor Relations）部門に勤めていて，証券会社や株主に対して年次の財務報告をしなければなりません。

　マイクロソフトの2021年度における売上から営業利益に至るまでの過程を，ウォーターフォールを使ってプレゼンをします。ただし，大前提として，営業利益率が2020年6月比で4％の大幅改善をして，「業績は順調だ」とアピールしたいとします。順調な理由は，売上高17％増に対しコストがそこまで増加しなかったこととします。

　図の売上①は製品とサービスで構成され，それに対応する原価②を差し引いた額が売上総利益③となります。さらに，そこから研究開発費④，セールスマーケティング費用⑤，販管費及び一般管理費⑥を差し引くと，営業利益⑦が求められるという仕組みです。

大：Overall we could record decent performance in FY 2021. Particularly, operating margin has improved by 4％ YoY base. Now I will explain how we could achieve this.

　総じて2021年度は，よい業績を残すことができました。特に，営業利益率は昨年度比で4％改善しました。では，我々がどのようにしてこの業績を達成することができたのかを説明したいと思います。

中：This is waterfall chart summarizes our profit and cost structure.

　このウォーターフォール図は，利益とコストの構造を要約したものになります。

小①：Our gross margin had a slight improvement by 1％ compared to the last year.

　売上高総利益率は，昨年度と比較して，1％のほどの改善にとどまりました。

小②：The primary reason for the 4％ improvement in operating margin was that Selling, General and administrative (SG&A) cost increase was relatively low compared to our sales 17％ growth.

　営業利益率が4％も改善した一番の理由は，売上の17％増に対して，比較的，販管費及び一般管理費の増加が大きくなかったことです。

大２回目： It is good to be able to announce our decent performance. At the same time, to retain high operating margins, we plan to increase the share of "service and others" in our sales portfolio, which will keep the SG&A cost to lower levels.

　よい業績を報告できたことはよかったです。同時に，高い営業利益率を保つため，"サービスその他"の売上シェアを増加させ，販売費及び一般管理費を低く維持できるようにしていこうと計画しています。

JBポイント

結論を「よい業績だった」だったとし，特に営業利益率がよかったとプレゼンを開始しています。
中区分では，その原因するためのウォーターフォール図を紹介し，小区分へとつないでいきます。
小区分では，変化がなかった箇所と変化があった箇所に注目します。小区分①では売上高総利益率の状況を説明しました。ただし１％の改善でしかないため，営業利益率を向上させた箇所ではありません。
小区分②で，売上高の伸びに対してSG＆Aの伸び率が低かったことが営業利益率を向上させた要因と指摘しました。
最後に，業績がよかったことを繰り返すと同時に，今後の戦略としてSG＆Aがあまりかからない「サービスその他」へのシフト計画を説明しています。

🔍 **FY（Fiscal Year）** 会計年度
🔍 **Operating margin** 営業利益率
🔍 **YoY（Year-over-Year）** 前年度比
🔍 **Gross margin** 売上高総利益率（もしくは粗利益率）
🔍 **Selling, General and administrative（SG&A）cost** 販売費及び一般管理費
🔍 **Sales** 売上

08　円グラフ・パイチャート〈戦略・ファイナンス〉

6つの切り口	□2項対立 ☑数値分割 □プロセス思考 □因数分解 □類似性の分割 □因果関係の分割

● **フォルクスワーゲンの地域別販売台数・売上**

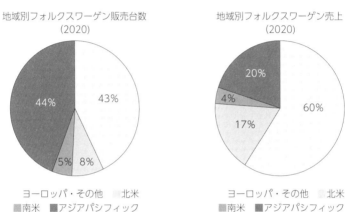

出典：「クイズと事例で頭に入る！決算書の読みどころ」ダイヤモンドオンライン

　円グラフやパイチャートは，単体では，各事象がどれぐらいの割合か
を示します。さらに，複数で割合の比較をすることもできます。

　あなたは，フォルクスワーゲンで働くマネジメントの１人だとします。そして，「ヨーロッパとAPAC（アジアパシフィック）の販売台数割合と各地域の売上割合を比較して，ヨーロッパでの売上の割合が高く，価格決定力を高く維持できている」と円グラフを用いて説明したいとします。グラフを比較して気がつくのは，販売数は主戦場であるヨーロッパとAPACの割合は同程度なのにもかかわらず，売上ではヨーロッパは約1.5倍，APACは半分の割合になっていることです。

大：One of our strengths is to be able to maintain our strong pricing power in Europe. Let me explain why I say so.

　我々の強みの１つが，ヨーロッパでの強い価格決定力です。なぜそういえるのか説明しましょう。

中：This graph demonstrates the comparison of our sales units and revenue by regions in 2020.

　このグラフは，2020年の地域別で見た販売台数と売上を比較したものです。

小①：The left side accounts for sale unit ratios by region. As you can see, Europe and the APAC account for over 40％ respectively.

　左側は，地域別の販売台数割合ですが，ヨーロッパとAPACがそれぞれ40％を超える割合を占めています。

小②：However, ratios of sales by region on the right side show that Europe is 60％ of the total revenue while the APAC is only 20％.

　しかしながら，右側の地域別売上割合ではヨーロッパが全体売上の60％でありながら，APACは20％にとどまっています。

大２回目：From this data, we can say that we have strong pricing power in Europe and that this is our strength.

　この点から，我々はヨーロッパで強い価格決定力を持ち，そしてこれが我々の強みであるといえるでしょう。

JBポイント

まず大区分では，主張したい「自分の会社の強みが価格決定力」を結論に持ってきました。
そして，中区分で根拠となるデータを表すグラフを紹介します。
小区分では，中区分で紹介した売上台数と売上のグラフを比較して，価格決定力が高いことを示します。
小区分①で，販売台数割合が2つの地域で差がなかったことに着目したうえで，小区分②で売上でのヨーロッパの圧倒的な強さを伝えることで説得力が増します。
最後に，大区分を再度伝えて繰り返します。

pricing power　価格決定力
sales units　販売台数
revenue　売上
account for　〜の割合を占めている
by region　地域別

09 折れ線グラフ（時間）〈ファイナンス〉

6つの切り口	☐ 2項対立　☑ 数値分割　☐ プロセス思考　☐ 因数分解　☐ 類似性の分割
	☐ 因果関係の分割

● 株価推移の折れ線グラフ

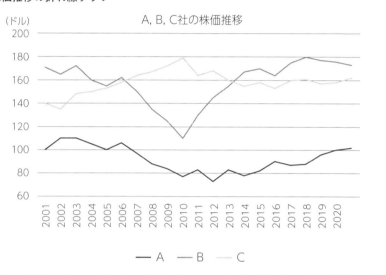

　ビジネスにおいて時系列で数値の推移を説明するには，折れ線グラフが便利です。

❖ ケーススタディ | B社の株式推移を説明する

　あなたは，B社のマネジメントとして株主総会の準備をしているとします。総会では自社の株式推移について説明をしなければなりません。A，B，C社の株価の推移の折れ線グラフを用いて，B社株の懸念点をプレゼンします。

大：Our concern is that our company's stock is not stable. I will show you historical data compared with other competitors, A and C.

　我々の懸念は，会社の株価が安定しないことです。競争会社であるＡ社・Ｃ社と比較した過去データを見てください。

中：This graph illustrates the stock movement of three companies over the past 20 years.

　グラフは，過去20年の３社の株価推移を表しています。

小①：As you can see, company A stock has been higher than company C stock at all times. At the same time, both have remained stable.

　Ａ社の株価は，Ｃ社の株価より常に高いことがおわかりいただけると思います。同時に，両者とも安定的に推移しています。

小②：On the other hand, our stock performed better than the company A stock from time to time, but has been volatile throughout that time.

　その一方で我々の株価は時にはＡ社の株価よりもよいパフォーマンスを出すのですが，期間を通して見ると不安定になっています。

大２回目：This is our concern. And we need to improve this urgently.

　これが我々の懸念であり，至急この点について改善する必要があるのです。

JBポイント

まず，「株価が安定していない」という懸念について大区分で伝えます。
次に，中区分で競争会社２社を含めた過去20年の株価推移を紹介します。
そして小区分では，他の２社と自社の株価推移の特徴に分けて説明します。
小区分①で競合他社の株価の動き，小区分②で自社の株価の動きを対比して，自社の弱みを明確にします。
最後に，大項目を繰り返すと同時に，改善の必要性を主張して文章は完成します。

🔑 **concern**　懸念
🔑 **volatile**　不安定である
🔑 **urgently**　至急に

10 AS-IS TO-BE 〈戦略〉

6つの切り口	☐2項対立 ☐数値分割 ☑プロセス思考 ☐因数分解 ☐類似性の分割 ☐因果関係の分割

◉ X社のAs-IsとTo-Beのイメージ

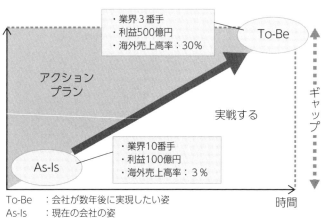

・業界3番手
・利益500億円
・海外売上高率：30%

To-Be

アクションプラン

実戦する

ギャップ

・業界10番手
・利益100億円
・海外売上高率：3%

As-Is

時間

To-Be ：会社が数年後に実現したい姿
As-Is ：現在の会社の姿
ギャップ：To-BeとAs-Isの差分

株主からも利益を
増やすように言われている。
株主の信頼を得るために
利益を出さねば…

現状業界10番手
だが，5年後には
業界3番手には
なっていたい！

国内市場の伸びは
頭打ち…
今後は海外での
売上を増やしたい

X社の社長

AS-IS TO-BEの"AS-IS"とは現状分析のことで，"TO-BE"は将来の理想の状態を意味します。計画や事業を執行するうえで，場当たり的ではなく，"AS-IS"と"TO-BE"の間にあるギャップを埋める意識は大事です。

そして，ギャップを埋めるため組織全体だけではなく，組織に所属する個々人の目標設定に落とし込みアクションプランを明確にします。

❖ ケーススタディ ｜ TO-BEからアクションプランを導く

あなたは，Ｘ社のマネジメントとして「５年後に我々はこうなりたい！」というTO-BEを伝え，「どんなアクションで達成していくのか」をステークホルダーに向けてプレゼンするならどうしますか？

大：Our goal is to achieve third place in the industry in five years by increasing overseas sales and extending profits to 50 billion yen.

海外売上高を増やし，利益を500億円まで伸ばすことで，５年後には業界３位を目指します。

中：This chart shows us where we are now and where we are going to be in the future.

この図は，我々の現状と我々が将来どこのポジションにいるのかを表したイメージ図です。

小①：Currently we are ranked 10th in the industry with a profit of 10 billion yen and have only 3％, overseas sales of total sales.

現在，我々は業界では10位で利益が100億円，海外売上高がまだ３％しかありません。

小②：However, by increasing overseas sales to 30％ of total sales within five years, we plan to increase our profit target to 50 billion yen. That is 5X the current level.

　ただ，5年以内に海外売上を30％に伸ばし，利益目標を500億円まで増加させる予定です。それは現在の5倍のレベルです。

大2回目：Increasing the profit is necessary to gain the trust of shareholders. To achieve this, we need to shift our focus from the stagnant domestic market to overseas markets. Now let me explain the specific action plan…

　株主からの信頼を得るためには利益増加が必要です。そのためには，停滞する国内市場から，海外への注力に移行する必要があるのです。それでは具体的なアクションプランについて説明します……。

JBポイント

5年後に達成したい目標を語ることが重要です。
大区分では，売上や利益目標だけでなく，業界の順位も視野に入れています。
そこから中区分で現状と将来の目標をギャップ図で紹介します。
小区分では，現状と描く将来プランを比較分析します。小区分①では，業界順位や売上の現状について伝え，小区分②でこれから達成すべき目標と具体的な値を共有します。
最後の大区分で結論を繰り返して，詳細説明へと進めていきます。
またこの後に，具体的なアクションプランを説明する際には，後述するWBSとガントチャートの内容を変えてつなぎ合わせることも可能です。

🔍 **extend**　〜を伸ばす
🔍 **be ranked**　〜位にいる
🔍 **○X**　○倍（timesも使われるが，X（エックス）が頻繁に使われている）
🔍 **gain the trust**　信頼を得る
🔍 **stagnant**　停滞する

11　PDCA〈戦略・オペレーション〉

● 良品計画のPDCA

出典：良品計画

　PDCAとはアメリカの統計学者ウィリアム・エドワーズ・デミング博士とウォルター・シューハート博士によって提唱された手法です。Plan（計画），Do（行動），Check（確認）そしてAction（改善）の一連のプロセスを表し，品質管理などで使用します。現在は，業務・業種問わずに人材マネジメントの基本サイクルとなっています。

　ちなみに，最近ではPDCAに加えてOODAという手法を使います。形はPDCAと変わらないのですが，最近の不確実性の高い社会情勢を鑑みて，素早い判断をして勝機を逃さない方法です。OODAは最初にObserve（観察）し，Orient（方向づけ）して，Decide（決定）する，そして現状が変わらない前にAct（行動）するというプロセスです。

JBポイント

決められた背景や前提をもとに改善をするPDCAと異なり、OODAは現状の変化に対して、最善の対策と行動を起こします。

❖ ケーススタディ | 良品計画のPDCA

あなたは良品計画で働く組織改革プロジェクトのマネジャーだとします。「共通マニュアルを増やして、高いサービスレベルを提供する」ことをPDCAを用いて全社員に伝えたいとします。

大： We need to enhance our service quality by increasing common operation manuals.

我々は共通のオペレーションマニュアルを増やすことで、サービスレベルを向上させる必要があります。

中： This diagram shows the PDCA steps we plan to run through.

この図は、我々が計画しているPDCAステップを表しています。

小①： First, we need "plan" at the top. After we find out the reasons why our service has worsened, we can prioritize the order in which manuals are created.

まず、上の"計画"が必要です。我々のサービスが悪化した原因を突き止めて、マニュアル作成の順番に優先順位を付けます。

小②： Second, we need "do" on the right. We are going to distribute the manuals to all employees in order that each employee's service level will not be different.

次に、右側の"実行"が必要です。全ての従業員にマニュアルを配ります。そうすることで、各従業員のサービスレベルが異なることはないでしょう。

小③： Third, we need "check" on the bottom. After completing "do", we evaluate the degree of achievement and reflect on what went well or poorly.

3番目に，下の"評価"が必要です。実行の後，達成度合いを評価すると同時に
どこがよかったか悪かったのかを振り返ります。

小④：Last, we need "action" on the left because we must improve our approach in order to have a better "plan" next time as needed.

最後に，左の"改善"が必要です。それは次のよい計画のためにアプローチを必
要に応じて改善しなければならないからです。

大２回目：After repeating this cycle, I believe that we can achieve a higher service level.

このサイクルを繰り返すことで，我々が今よりも高いサービスレベルを達成でき
ると信じています。

JBポイント

まず，良品計画の「共通のマニュアルを増やし，高いレベルのサービスを
提供する」を目的としてスタートします。
次に中区分で，行動計画であるPDCAの図を紹介します。
小区分では，４つの行動パターンについてそれぞれの具体的なアクション
に触れていきます。
最後に，大区分を再度伝えて文章は完成です。

- **enhance** ～を高める
- **worsen** 悪化する
- **prioritize** 優先順位をつける
- **evaluate** ～を評価する

12　業務フロー・システムフロー 〈オペレーション〉

● ある会社の業務フロー

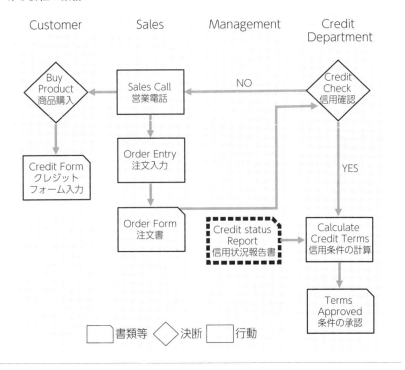

コンサル業務においては，要件定義を行うときに業務フローを確認してシステム開発に取り組みます。その際には，一連の流れを正確に説明しなければなりません。

❖ケーススタディ │ 会社の業務フローを説明する

あなたはコンサルタントとして，B2Bで製品サービスを行うクライアント先に常駐しています。セールス担当者に向け，業務フロー図を使ってどういうフローで条件承認に到達するのかについて，会社の営業から購買までのプロセスをプレゼンします。

大：The credit screening process has been partially simplified to streamline operations. We believe this will improve the speed of customer screening and improve customer sales service.

信用審査のプロセスが，業務の効率化のために一部簡素化されました。これにより，顧客審査のスピードが改善され，セールスの顧客対応も改善できると考えております。

中：This will be a process flow diagram that graphically represents the work process for each party involved.

これは，各関係者の作業プロセスを図で表したプロセスフロー図になります。

小①：Previously, when an order was placed by a customer, we performed a credit check on the client. Then, we calculated the terms and conditions based on the credit status report from the management.

以前は顧客から注文が入ると，顧客の信用確認を実施していました。そして，マネジメントからの信用状況報告書をもとに条件の計算を行っていました。

小②：In the new workflow, the management credit status report has been incorporated into the system, reducing the time to approve credit terms.

新しい業務フローでは，マネジメントの信用状況報告がシステムに組み込まれたため，信用条件の承認までの時間が短縮されました。

大2回目：By improving the speed of customer response on the sales side, we believe that the number of inquiries from the customer base will increase.

セールス側の顧客対応スピードの向上により，顧客からの問合せも増えるかと思

います。

JBポイント

新旧の業務フローの変化を提示し，その効果を伝えるという内容です。
まず大区分で，今回の業務プロセス改善の結果を話しました。
次に中区分で，業務フロー図を紹介し，小区分で，システム導入前と導入
後に分けて2つを比較分析します。小区分①で以前の業務フローについて，
小区分②で新しい業務フローではどこが変わったのかを提示します。
最後の大区分2回目で，この業務フロー改善から何が得られるのかを伝え
ます。

🔍 **credit screening** 信用調査
🔍 **simplify** 単純化する
🔍 **streamline** 〜を効率化する
🔍 **response** 対応
🔍 **inquiry** 問い合わせ

13 カスタマージャーニーマップ〈マーケティング〉

6つの切り口	□2項対立　□数値分割　☑プロセス思考　□因数分解　□類似性の分割
	□因果関係の分割

● カスタマージャーニーマップ

ペルソナ	友人と2人で海外旅行に行く計画をしている日本人 旅行先の宿泊場所選びにはじめてAirbnbを利用することにした			
フェーズ	宿泊候補を探す	宿泊先を決める	宿泊地に行く	宿泊地を評価
タッチポイント行動	サイトで情報検索　友人に相談 レビューを見る	メールで宿泊候補のオーナーとやりとりする 宿泊先決定	出発 目的地へ移動　宿泊先到着	帰国へ　お礼のメール 帰宅　レビューを書く
思考	■写真通りの部屋か？ ■安全なのか？ ■料金はいつ払うの？ ■いろいろ選べて楽しい	■オーナーとのやりとりは上手くいくのかな… ■ちゃんと宿泊先が決まるか不安だなぁ…	■地図が分かりづらいけどたどり着けるかな？	■お世話になったオーナーにお礼のメールを送ろう！ ■良い宿泊先だったから人にも勧めたい！
感情				
インサイト	■安全性や料金に対するユーザーの不安を取り除くには何が必要か？ ■多くの選択肢を楽しさにつなげる見せ方とは？	■オーナーとユーザー間でのやりとりをスムーズに行えるようにする仕組みを考える	■現地の宿泊先までユーザーを誘導する方法はあるのか？	■レビューを書いてもらう動機付けをするには？

　カスタマージャーニーマップは主にマーケティングで使います。顧客の行動を「旅」と捉えて，顧客の思考や感情の動きを把握・分析することで，顧客体験を向上させるサービスを考えます。

あなたの会社は，旅行業界に対して初めて参入し，ITサービスを提供したいと考えています。

そこであなたは，カスタマージャーニーマップを使って，旅行を決定するところから帰宅するまでの過程で，顧客が一番困っているところにサービスを提供していきたいと社内でプレゼンをすることにしました。

大：How can we penetrate the travel & leisure market? The key is to find out what frustrates customers during their travel experiences.

我々が旅行・レジャー市場に参入するためにはどうすればよいか？カギは旅行中に旅行者がどんなフラストレーションを抱えるかを発見することです。

中：To understand their frustrations, let's use this customer journey map which shows the entire travel process from "making a reservation" to "returning home".

彼らのフラストレーションを知るために，彼らが"予約する"ところから"帰宅する"までの全体プロセスを表したカスタマージャーニーマップを使ってみたいと思います。

小①：Let's look at the first step, making a reservation. When looking for accommodation, travelers have to make a lot of decisions, such as which travel agency to use, whether to book directly, and the cost.

最初のステップは予約です。旅行者が宿泊先を探すとき，たくさんのことを決断しなければいけません。どの旅行代理店を使うべきか，直接予約するべきか，コストなどいろいろあります。

小②：The second step is contact. The travelers may need to contact the hotel to ask questions relating to the stay. However, they will face language problems at this step.

2つ目のステップがコンタクトです。滞在に関する質問をするためにホテルに連絡する必要があるかもしれません。しかし，このステップでは言葉の問題に直面す

ることになります。

小③： And the third step is transportation. They are worried that they may get lost on their way to their destinations.

　3番目のステップは移動です。彼らは目的地にいくまでに迷ってしまう可能性があることが心配です。

小④： Let's look at the last step, returning home. This is when they will evaluate their overall experience.

　最後のステップが"帰宅"です。この時に，彼らは旅行経験全体の評価をします。

大2回目： Throughout this travelling process, I am interested in the transportation stage. I am eager to provide travelers with a convenient and safe service.

　この旅行の過程内で，私は移動ステージに興味を持っています。私は移動時に便利で安全なサービスを旅行者に提供することを切望しています。

JBポイント

本事例のカスタマージャーニーマップは少し簡略化していますが，プレゼンをするうえでの要領は同じです。

まずは，大区分で「自分たちが旅行業界を参入するうえでの大切な視点」を述べて，中区分でカスタマージャーニーマップを図示すると流れのよいプレゼンになります。

小区分では，カスタマージャーニーマップ内の各プロセス時点での，旅行者の感情を捉えていきます。

最後に，自分がどのプロセスに参入したいのかという思いを伝えてプレゼンは完了します。

🔍 **penetrate**　～に参入する
🔍 **accommodation**　宿泊施設
🔍 **face**　～に直面する
🔍 **destination**　目的地
🔍 **eager to**　～することを熱望する，～にすることに前向きだ

WBSとガントチャート〈オペレーション〉

| 6つの切り口 | □2項対立　□数値分割　☑プロセス思考　□因数分解　□類似性の分割
□因果関係の分割 |

● プロジェクト作業概要

本日

| 作業
大項目 | 作業項目 | 担当 | | ステー
タス | 1週 | 2週 | 3週 | 4週 | 5週 | 6週 | 7週 | … |
		貴社	弊社									
発売	発売プラン企画		●	✓	→							
	企画確認	○		✓		→						
宣伝	宣伝プラン企画		●				→					
	企画確認	○						→				
パイロット	パイロット顧客調達		●						→			
	パイロット実施	○								→		
マイルストーン							▼発売プラン完了		▼宣伝プラン完了		▼パイロット完了	

　WBSとガントチャートは，企業のプロジェクト管理に頻繁に使われます。WBSはWork Breakdown Structureの頭文字をとった略語で，プロジェクトで発生する作業を分解して管理することをいいます。WBSで完了までの作業をもれなく洗い出すことにより，スケジュール策定やプロジェクトの見積ができます。

　分解した作業項目を時系列に並べ，その横に担当者，ステータス，スケジュール概要を加えたのがガントチャートです。

❖ケーススタディ ｜ プロジェクトマネジャーとしての進捗確認

　さて，左表を見て，プロジェクトマネジャーであるあなたは何を主張するでしょうか？　今回のプロジェクトの作業概要とスケジュールの見直しでしょうか？　それとも今日までの作業進捗の報告でしょうか？

　今回は，後者の進捗確認をベースに，今後のスケジュール進行で遅延の可能性と対応についてのプレゼンをしてみましょう。

大：First, I am happy to announce that up until now we could keep the project on schedule. And today I want all the project members to join this meeting because I need to make sure we are on the same page about schedule, task assignment and workload.

　はじめに，これまでプロジェクトはスケジュール通りに進んでいることをご報告できることを嬉しく思います。そして，今日ですが，全てのプロジェクトメンバーにこの会議に出席していただきたく集まってもらいました。というのも，スケジュールやタスク割り当て，そして作業負荷について同じ認識を持っているか確認する必要があるためです。

中：By looking at the WBS and the Gantt chart, I want to talk about two things, what we have done so far and what we are missing to make a better estimate regarding the schedule.

　WBSとガントチャートを使って，我々が"これまでやってきたこと"と"よりよいスケジュール見積のために何が足りないのか"の2点についてお話しします。

小①：As we are now in the third week, the sales project has just finished last week and we are moving into the advertising planning stage.

　現在3週目なのですが，発売プロジェクトが先週ちょうど終わったところで，宣伝計画ステージに移行しています。

小②：At the same time, risks of delaying the planned schedule, especially pilot customer sourcing, should be carefully monitored.

　同時に，計画したスケジュールを遅らせるリスク，特にパイロット顧客の調達を

注視する必要があります。

大2回目： What do you think the situation is? In my view, it is quite likely that the delay will be at least a week. If you agree with my perspective, I would appreciate you discussing the possibility of a delay with the clients in advance or sharing your ideas on how to shorten the duration. Does anyone have ideas?

　この状況を皆さんはどう考えているでしょうか？　私の見方としては，少なくとも1週間は遅れる可能性がかなり高いと考えます。もし私の見方に賛成であれば，顧客に事前に遅延の可能性を相談しておくか，期間を短縮できるアイデアがあれば共有していただけるとありがたいのですが，どなたかいらっしゃいますか？

JBポイント

WBSとガントチャートを使って話をしました。
大区分で，この会議の目的と召集の理由を話します。
中区分でWBSとガントチャートを使って，2点について話します」と伝え，小区分①で現時点について，小区分②で将来の懸念点に分けて説明していきます。
最後の大区分2回目で出席者の意識を"what do you think this situation is?"で醸成させ，すぐにとれるアクションを紹介しつつ，参加者からもアイデアを出してもらうよう"Does anyone have ideas?"と促して完了します。

🔍 **keep～ on schedule**　～をスケジュール通りに進める
🔍 **up until now**　これまで
🔍 **on the same page about**　～について同じ認識である
🔍 **source**　～を調達する
🔍 **delay**　遅延
🔍 **one's perspective**　～の見方
🔍 **appreciate**　～をありがたいと思う
🔍 **shorten**　～を短くする
🔍 **duration**　期間

15 AARRRモデル（海賊モデル）
〈マーケティングと統計〉

6つの切り口	□2項対立　□数値分割　☑プロセス思考　□因数分解　□類似性の分割 □因果関係の分割

● AARRR（アー）モデル

	KPI	KPI vs 実績
Acquisition（顧客獲得） 様々なチャネルを通して見つける	100,000 ウェブ訪問数等	110%
Activation（活性化） 価値を理解し，体験する	7,000 Email登録＋サインイン	120%
Retention（継続） 再訪し，継続的に利用する	3,000 3日に1回訪問した人数	50%
Referral（紹介） 価値に満足し，他の人に紹介する	2,000 紹介した人の訪問数	80%
Revenue（収益） 金銭を払ってもらう	1,000 購入＋支払情報入力数	80%

　AARRR（アー）モデルは顧客獲得から収益を生み出すまでの流れを５段階に分け，ファネル形状にして，段階を追うごとに該当するユーザーが減っていく様子を表したものです。

　業界によっては，その特性からRetentionとRevenueが反対になる場合もあります。各企業によっても，独自の**KPI（Key Performance Indicator）**を使ったりするので，全て同じ項目にはならないことに注意してください。

JBポイント

KPI（重要業績評価指標）とは，個人や企業の目標達成度合いを測定する指標のことを指します。

あなたはある会社のマーケティングマネジャーです。KPIと実績値との違いが80%以下である項目を問題点として，いかに改善するべきなのかを主張することにします。

大：In order to monetize our new application in the market effectively, the marketing strategy should be set in place properly. However, despite the enormous time we invested, we have not gained satisfying results this quarter. To improve this situation, we need to think about how we can change our actions.

新しいアプリケーションを効果的に市場で収益化するためには，マーケティング戦略を適切に設定する必要があります。しかし，膨大な時間を費やしたにもかかわらず，今四半期は満足な結果を得ることができませんでした。この状況を改善するためには，自分たちのアクションをどのように変えるべきかを考える必要があります。

中：This is the AARRR model to show you how much we overperform or underperform against our KPI figures in the revenue process.

これは，収益プロセスにおいて，KPIの数値をどれだけ上回っているか，あるいは下回っているかを示すAARRRモデルです。

小①：Out of five KPIs, acquisition and activation were higher than the KPI. And referral and revenue performance, 80％ vs KPI, were not great but this is an acceptable level.

5つのKPIのうち，顧客獲得と活性化はKPIを上回りました。また，紹介と収益のパフォーマンスは，KPIに対して80％であり，良いとはいえませんが，許容範囲内でした。

小②：On the other hand, retention rate was incredibly low, 50％ vs the KPI this time. To translate this, the clients were not attracted to use our service repeatedly.

　一方，継続率は今回のKPIに対して50％と，驚くほど低かった。つまり，顧客が
リピート利用したいという魅力はないということです。

大２回目： I assume there are some clogs which lose repeat customers. So,
for the first action, we need to find out what these clogs are from macro and
micro POV and review if our KPI "revisiting us every three days" is appropri-
ate. Then let's think about what we should do. We should not waste our time,
everybody.

　リピーターを逃がしてしまうような"詰まりモノ"があるのでは？と私は思って
います。そこで，最初のアクションとして，マクロとミクロの視点からその原因を
探り，「３日に１回の訪問」というKPIが適切かどうか見直していく必要があります。
そのうえで，何をすべきかを考えましょう。皆さん，我々は時間を無駄にしてはい
けません。

JBポイント

自分たちが改善をするべきアクションは何かを探るプレゼンです。
まず，大区分でパフォーマンス結果と着手すべき問題点を先に出し，聞き
手に注目してもらいます。次に，中区分で，問題点を視覚化するため
AARRRモデルの紹介を行い，小区分へつなぎます。
小区分①でパフォーマンスがどれほどよかったのか，小区分②ではパ
フォーマンスがどれほど悪かったのかを伝えます。最後の大区分で問題に
対する，自分たちの具体的なアクションを言及してプレゼンは完了します。

- **monetize** 〜を収益化する
- **〜 be set in place** 〜を設定する
- **overperform** 〜を上回る
- **underperform** 〜を下回る
- **translate** 〜を翻訳する
- **be attracted to** 〜に魅了される
- **clog** 詰まり
- **POV（point of view）** 視点

16　レーダーチャート〈戦略〉

6つの切り口 | □2項対立　□数値分割　□プロセス思考　☑因数分解　□類似性の分割　□因果関係の分割

● 架空の自社プロダクトの特徴を業界平均と比較

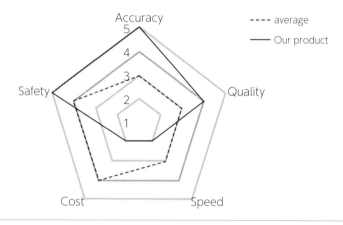

自社製品の特徴と業界平均

　レーダーチャートは，別名スパイダーチャートと呼ばれ，いくつかの要素の評価に応じた点を結んでいくと，全体の傾向を見ることができます。

　例えば，会社の業績をいくつかの要素に分けて値をつけ，それぞれを結ぶと多角形が作られます。突出して高い要素や低い要素があると，いびつな形になり，バランスが悪いもしくは個性が強いとわかります。業績だけでなく，チームのパワーバランス，学校の成績，店舗や従業員の評価などにも使われます。

　レーダーチャートは，足し算のように感じますが，複合的な要素が掛け算によって効果的な場合もあり，因数分解のグループと考えることができます。

❖ケーススタディ │ 自社プロダクトを評価する

　あなたは自社製品が勝っている部分と劣っている部分を評価し，社内に向けて自分たちがするべきことを理解してもらいたいとします。

大：I am delighted to announce that we received a good evaluation for our product this year. At the same time, other issues appeared. Today let's take this chance to think about how we can improve on these issues.

　本年度，我々の製品がとてもよい評価を得たことを発表できることを嬉しく思います。同時に別の問題が発生しました。本日は，この場を借りて，これらの問題をどう改善していくか考えたいと思います。

中：This radar chart shows us how our product performed better than the industry average. The dotted line is the industry average and the other is our figure.

　このレーダーチャートは，我々の製品がどれだけ業界平均よりもよかったのかを示しています。破線が業界平均で，実線が我々の数値です。

小　①：With regard to "accuracy", "safety" and "quality", we had better scores than the industsy average.

　まずは，正確性・安全性・品質に関しては，業界平均よりも良い評価を得ることができました。

小②：On the contrary, we scored a lower evaluation in "cost" and "speed" categories, while they were on par with the industsy average last year.

　その一方でコストとスピードについては，昨年は業界平均並みだったのにもかかわらず低い評価でした。

大2回目：We should research what the underlying causes are and take actions to improve this situation as soon as possible.

　根底にある原因は何かを探し，そしてこの状況を改善するようにできる限り素早

いアクションをとるべきでしょう。

JBポイント

まずは大区分で，自社プロダクトの評価結果と新たな問題提起をします。次の中区分で，レーダーチャートを紹介し視覚的に問題点を伝えます。小区分では，評価のよかったポイントと悪かったポイントを比較します。最後に，最初の大区分を繰り返して文章は完成します。業界平均を軸に，自分たちの製品を客観的に捉えて，次にとるべきアクションを促すようにするのです。

レーダーチャートは，製品評価だけでなく，他のケースも汎用的に使えます。例えば，評価面談等では，会社のアベレージ評価を軸に，対象となる人の特徴を捉え，そこからどのように改善をしていくか一緒に考えることもできます。

- **be delighted to**　〜することを嬉しく思います。
- **with regard to**　〜に関して
- **on the contrary**　その反対に
- **on par with**　〜と同程度で
- **underlying cause**　根底の原因

17 　SWOT 〈マーケティング〉

6つの切り口	☐2項対立　☐数値分割　☐プロセス思考　☐因数分解　☑類似性の分割 ☑因果関係の分割

● AppleのSWOT分析例（2021年時点）

	プラス要因/Positive	マイナス要因/Negative
内部環境 Internal	強み (Strength)　・強力なブランド力とデザイン力　・キャッシュリッチ　・さまざまな製品の開発と特許	弱み (Weakness)　・高額な価格設定　・限定的な流通ネットワーク　・他ソフトウェアとの互換性がない
外部環境 External	機会 (Opportunities)　・ウェアラブル市場の発展　・電気自動車の推進　・AI/VR/AR市場での成長	脅威 (Threats)　・スマホ, タブレット市場の競合激化　・反トラスト法からの訴訟問題　・製造国での労働コスト上昇

出典：Appleに関連する各資料より筆者作成

　さて類似性分割の１つ，SWOT分析です。SWOT分析とは，強み（Strength），弱み（Weakness），機会（Opportunities），脅威（Threats）の４つの観点から自社そのものや製品・サービスなどを分析する手法になります。

　内部環境とプラス要因の２つの軸で捉えたものが左上の強み（Strength）となりますし，外部環境におけるマイナス要因は右下の脅威（Threats）となります。

あなたはAppleで働いています。SWOT分析の結果を用い，何を伸ばして何を改善するべきなのかを社内でプレゼンすることになりました。

今回はそれぞれ3個の要因に絞って作成しました。内部環境は，会社内部の特徴を「ヒト・モノ・カネ」を切り口に定義しています。一方で，外部環境は，マクロ環境・市場環境などを切り口に定義しています。

大：What is our strength? What is our weakness? Let me take this opportunity to show my SWOT analysis so that we all can understand where we are headed in this given situation.

「我々の強さとは何か？　我々の弱さとは何か？」この機会を使ってSWOT分析を紹介させてください。そうすることで，現在の状況で我々が向かう方向はどこなのか理解できるでしょう。

中：SWOT is a popular analysis tool. This shows us our characteristics in an internal environment and external environment as of 2021.

これは有名なフレームワークであるSWOTで，2021年時点での内部環境と外部環境における我々の特徴を表します。

小①：Please take a look at the upper side of the matrix. This is the internal environment analysis. While our product is high-priced which is a negative factor, we have strong assets such as brand equity and design power as well as a fair amount of cash.

まずは，マトリクスの上側を見てください。これは内部環境の分析になります。ネガティブ要素として，我々の製品が高価であるという一方で，我々には，ブランド力やデザイン力，そしてかなりの現金を保有するなど強力な資産があります。

小②：Now let's take a look at the bottom side of the matrix. This is the external environment analysis. One opportunity we want to pursue here is the electric vehicle. With our R&D ability and strong finance, we can compete with other automobile makers. At the same time, the concern we must think about is the increasing cost burden in the developing countries. That could become a future threat for our business

　そしてマトリクスの下側を見てください。これは外部環境の分析です。1つの機会として我々が追求したいものが電気自動車でしょう。現在の開発能力と強力な金融資産で，自動車メーカーに対抗できることでしょう。同時に懸念すべき点は，発展途上国におけるコスト負荷の増加です。これは将来のビジネスの脅威となる可能性があります。

大2回目： Understanding the situation as it stands is essential so that we can move in the right direction. From this analysis, we can see that one of the options that we really should focus on is the electric vehicle industry.

　現在の状況を理解することは正しい方向へと自身を導く重要なものです。そして，この分析から我々が本当にフォーカスするべき選択肢の1つが電気自動車産業なのだと思います。

JBポイント

SWOT分析はマトリクスで表すことが一般的なので，マトリクスを英語プレゼンするケースを挙げてみました。
まず大区分で，自分たちが持っているモノ・持たないモノを認識することの大切さを説くことから始まります。自社の特徴を知ることで，組織が向かうべき方向が明確になってくるのです。
次に中区分では，SWOTマトリクスを使って，認識すべき自社の特徴を視覚的に表します。
小区分では上部の内部環境と下部の外部環境に分けて説明します。小区分①では，内部環境のプラス面とマイナス面を対比させ，小区分②では，外部環境のプラス要因とマイナス要因を挙げて整理します。
ここから一気に大区分の結論へと持っていくわけですが，自社が向かうべき方向に関する自分の考えを紹介するポイントとなります。

- **environment** 環境
- **pursue** 〜を追求する
- **R&D（Research and Development）** 研究開発
- **burden** 重荷
- **as it stands** 現状の

ファイブフォース（5フォース）

〈戦略・マーケティング〉

18

6つの切り口	□2項対立 □数値分割 □プロセス思考 □因数分解 ☑類似性の分割 ☑因果関係の分割

● パソコン業界のファイブフォース

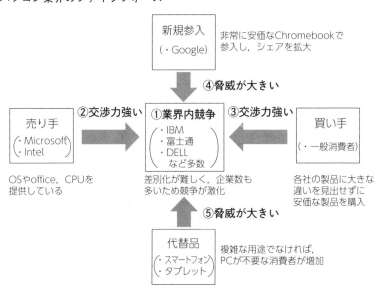

ファイブフォース分析はマイケル・E・ポーターが1979年に発表した『競争の戦略（How Competitive Forces Shape Strategy）』の中で語られたフレームワークの1つです。ポーターは，業界における競争状態は企業の戦略を左右すると考えて，業界の競合を5つの要因に分けました。

① 業界内競争：現在属する業界内の競争になります。製品やサービスで差別化しにくいと競争は激化しがちになります。

② 売り手の交渉力：売り手が寡占市場で，その仕入れなければいけない原材料の希少価値が高いほど，売り手の交渉力が高まります。

③ 買い手の交渉力：買い手が法人などの場合で大量購入するなど購買力が高い場

合，他社製品への乗り換えが容易であれば（スイッチングコストが低いと）買い手の交渉力が高くなります。

④ 新規参入の脅威：多額の投資必要性，ブランド，規制などの参入障壁があまり存在しない場合に，新規参入の脅威が高くなる傾向です。

⑤ 代替品の脅威：本来の製品・サービスとは形状・タイプは異なっていても，同じニーズを満たせる代替品があれば脅威となります。例えば，本と電子書籍の関係は代替品と考えることができるでしょう。

❖ケーススタディ | パソコン業界におけるファイブフォースとは？

あなたはパソコン業界のある会社でマネジメントをしています。このファイブフォース分析を使いパソコン業界全体における脅威である5つの内の1つの脅威についてスポットライトを当ててプレゼンをする予定です。

大：Despite fierce competition in our industry, Google recently entered our market. What is Google's strategy? Today I am going to show our analysis so we can make appropriate decisions going forward.

我々の産業における競争が激しいにもかかわらず，Googleが最近この市場に参入してきました。Googleの戦略は何でしょうか？　今後，適切な意思決定ができるよう，本日は我々の分析をお見せしたいと思います。

中：This diagram is a 5 forces analysis showing our current competitor's position.

この図は，最近の競合他社のポジションを表したファイブフォース分析になります。

小①：To be honest, we have not identified a big change in the power balance. Buyers always have power to push down the price and suppliers are in a strong position to sell components. Substitutes such as smartphones and tablets seriously damaged our PC industry, and yet we could retain a certain market share as did our existing rivals.

正直なところ，パワーバランスの大きな変化を認識できていませんでした。買い

手は，常に価格を下げる力を持っており，売り手はパーツを売る強力なポジションにあります。スマートフォンやタブレットなどの代替品は確かにPC市場に大きなダメージを与えてきましたが，それでも我々はある程度の市場シェアを維持することができていました。業界内の既存企業も同様です。

小②： However, the new entrant, Google, Chromebook will be introduced at a much cheaper price and they will expand their PC market share.

しかしながら，新規参入者が現れました。Googleです。非常に安価なChromebookを世に出して，彼らはPCの市場シェアを拡大させることでしょう。

大2回目： For us to survive this market, we have two options. One is that we spend more money to retain our market share. The other one is that we change our position and play a different game instead. This way we can avoid going head-to-head with Google.

我々が市場で生き残るためには，2つの選択肢があります。1つは，さらにお金を費やし市場シェアを維持することです。もう1つは，我々のポジションを変えて違うゲームを代わりに行うことです。そうすることで，Googleと真っ向からぶつかることを避けることができるのです。

JBポイント

まず大区分にて業界の近況と新たな脅威を紹介し，「どのように適切な意思決定をするべきか？」問題提起を行います。
中区分で，ファイブフォース分析を見せて問題を可視化し，小区分につなぎます。
小区分①では，以前までの脅威を整理し，小区分②ではGoogleによる破壊的な参入があったことにスポットライトを当てます。
最後の大区分で，自分たちがとれる意思決定の選択肢を提示します。

- **fierce** 激しい
- **going forward** 今後
- **substitute** 代替品
- **retain** ～を保つ

19 バブルチャート〈戦略・マーケティング〉

| 6つの切り口 | □2項対立 □数値分割 □プロセス思考 □因数分解 ☑類似性の分割 □因果関係の分割 |

◉ インターネットとスマートフォンの浸透率

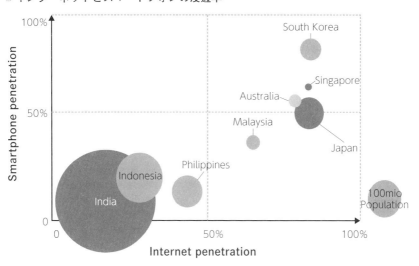

参照：the World Cellular Information Series（WCIS）

　バブルチャートの便利な点は，視覚的に把握しやすく，1つのグラフで3つの情報を得られることです。PPM（プロダクト・ポートフォリオ・マネジメント）を表現するのにバブルチャートを使うこともあります。

あなたはITリサーチ機関で働いています。顧客からの依頼を受けてアジアのインターネットとスマホの浸透率を調べました。この調査から「わかったこと」「予想されること」をプレゼンします。

internet penetrationはインターネットをその国のユーザーが十分に使っている割合（浸透率）で，smartphone penetrationはその国のスマホの浸透率を表しています。

※本データの正確性に関しては，本書で保証するものではありませんので，学習するための参考資料までにとどめてください。

大：The results of the current penetration rates in the Asian Internet and smartphone markets confirm the polarization of the market. There are countries where penetration is overwhelmingly high and countries where penetration is low.

　現時点におけるアジアのインターネットとスマホ市場における浸透率の結果として「二極化」を確認することができます。圧倒的に普及が進んでいる国と普及スピードが遅い国です。

中：This is a bubble chart that adds the number of population in each country to the relationship between Internet and smartphone penetration.

　これはインターネットとスマホの浸透率の関係に各国の人口数を加えたバブルチャートになります。

小①：High penetration rates for both Internet and smartphones are found in developed countries such as South Korea, Singapore, Australia, and Japan. Japan has the largest population at 130 million, but other countries do not have as large a population as Japan does. In that sense, It is unlikely that the countries will remarkably grow in the future.

　インターネット・スマホともに高い浸透率を持つのは，韓国を筆頭に，シンガポール，オーストラリア，日本といった先進国になります。先進国の中で人口が一

番多いのは日本の1.3億人で，他国の人口は日本ほど多くありません。そういう意味では，これらの国は今後大きく伸びるとは考えにくいでしょう。

小②：On the other hand, developing countries such as India, Indonesia, and the Philippines all have low Internet and smartphone penetration rates. However, the large population of each country is very attractive.

　一方で，インド，インドネシア，フィリピンといった発展途上国はインターネット・スマホ浸透率がともに低い状況です。ただ，各国の人口は多く大変魅力的でしょう。

大２回目：The analysis could certainly confirm the polarization. However, our forecast is that the polarization will gradually dissipate. The reason for this is that India, Indonesia, and the Philippines have a strong potential for further growth in the smartphone market as the Internet environment improves and develops.

　確かに二極化は確認できましたが，我々の予想は，今後二極化は徐々に解消されると思っています。その理由は，インド，インドネシア，フィリピンの３国が，インターネット環境の整備発展に従い，スマホ市場がさらに伸びる可能性が十分にあるためです。

JBポイント

プレゼンのポイントは大区分でキーワードである「二極化」を伝えたところです。これによって聞き手は話の内容をもっと聞きたいと引き込まれるはずです。
そして，中区分で図に誘導していきます。
小区分①では浸透率が高い国とその特徴，小区分②では浸透率が低い国とその特徴を伝えます。
最後に，大区分で触れた二極化に対する，今後の変化について触れていき，そう考える根拠を伝えて文章は完成します。

🔍 **confirm**　〜を確認する
🔍 **polarization**　二極化
🔍 **gradually**　徐々に
🔍 **dissipate**　消える

デザインシンキング（デザイン思考）

〈マーケティング〉

6つの切り口	□2項対立　□数値分割　□プロセス思考　□因数分解　☑類似性の分割 □因果関係の分割

● デザイン思考

　デザイン思考はアメリカスタンフォード大学内にある研究所D-School から始まった思考方法です。

　ユーザー視点から社会の問題を考えます。そこから課題の本質を捉え，最終的にイノベーティブな提案をしていくところがポイントです。

　以前までは企業側が考える製品は企業の都合で考えられていました。

　例えば，技術的な側面からその製品を現実的に作ることができるのか（Feasibility），もしくはその製品を販売するために必要なリソースは何か（Viability）などです。

　製品を販売するためにはどちらも必要な検討要素であることは間違いないですが，もっとユーザーに寄り添った有用性のある（Desirability）製品開発が必要ということから生まれた思考法です。

あなたは，アントレプレナー養成のために，デザイン思考とは何かを教えるために教壇に立ちました。目的は，今まで存在していたFeasibility（技術可能性）とViability（持続可能性）からのアプローチにDesirability（有用性）を加えて，イノベーションを起こすことのできる一連のプロセスを説明することです。

大： What is required for innovation? As there are many different approaches, today I want to introduce "Design Thinking".

イノベーションを起こすためには何が必要か？　いろいろなアプローチがある中で，本日はデザイン思考を紹介したいと思います。

中： Please think of this Venn diagram as an intuitive image of design thinking.

このベン図は，デザイン思考を直感的に捉えるためのイメージだと思ってください。

小①： Until now, our main focus was on Feasibility and Viability. "Feasibility" is whether or not a product can be made technically and "Viability" is the ability to continue to make a product organizationally from a human resource, financial and strategic perspective. And the overlapping area shared by Feasibility and Viability used to be called "innovation".

以前まではFeasibility（技術可能性）とViability（持続可能性）が主に注目されていました。Feasibilityとは製品を技術的に作れるかどうか，Viabilityは，人材，お金，戦略の観点から，組織的にその製品を作り続けることができるかどうかということです。そして，その2つが重なるエリアが"イノベーション"と呼ばれていました。

小②： However, times have changed. It is now necessary to consider the consumer's perspective first when creating any products. "What do consumers really want?" That is the third area, "Desirability". The keyword to understand

Desirability is empathy.

　ところが，時代が変わりました。どんな製品を作るときも消費者目線を第一に考える必要がでてきました。「消費者が本当に求めているものは何か？」それが3番目のエリアであるDesirability（有用性）です。このDesirabilityを得るためのキーワードがempathy=共感になります。

大2回目：In conclusion, in design thinking, innovation will happen when all three areas overlap; if any one of the three is missing, innovation will not happen.

　結論として，デザイン思考では，イノベーションは3つのエリアが重なることで起こります。3つのうち1つでも欠けてしまうとイノベーションは起こらないのです。

JBポイント

今回は，講師という立場で，デザイン思考というイノベーションを起こすための考え方を教えました。
大区分では，数あるイノベーションを起こす中からデザイン思考に焦点を当て，中区分で用意したデザイン思考の図を見てもらいます。
小区分①で以前までのイノベーションの考え方を伝え，そこから小区分②で進歩したデザイン思考がどこに重点を置いて考えていくのかを説きます。
そして，大区分2回目で，大区分1回目の問い「デザイン思考におけるイノベーションがどうやって起きるのか？」を答えてプレゼンが完成します。

🔍 **require**　〜を求める
🔍 **intuitive**　直感的な
🔍 **perspective**　観点
🔍 **overlap**　重なる
🔍 **empathy**　共感

21 STP分析（セグメンテーション・ターゲティング・ポジショニング）〈マーケティング〉

6つの切り口	□2項対立 □数値分割 □プロセス思考 □因数分解 ☑類似性の分割
	□因果関係の分割

● アパレル業界におけるセグメンテーションとターゲティング

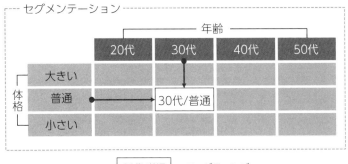

● ポジショニング

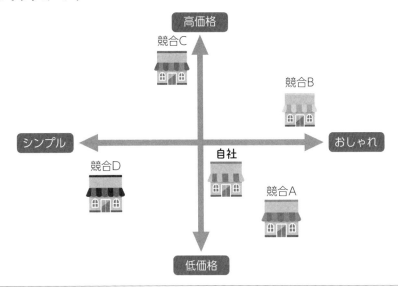

STP分析とは，アメリカの経営学者フィリップ・コトラーが提唱したマーケティングの手法です。STPとは，Segmentation（セグメンテーション），Targeting（ターゲティング），Positioning（ポジショニング）の頭文字をとったものです。

セグメンテーションとは，市場をある属性・ニーズ等で細分化する過程です。

ターゲティングとは，その細分化された市場の中でどこに参入すべきか選定する過程です。

最後に，ポジショニングとは，参入する市場における自社と他社の位置関係を把握する過程です。

市場や顧客のニーズは時代とともに変化してくため，顧客のニーズを整理し，自社の強みを活かすターゲットを明確にしたマーケティング戦略が必要です。まずセグメンテーションとターゲティングの具体的な図を見ていきましょう。ターゲットを決めたうえで，自分たちがどこのポジショニングを獲得していくか他社を比較しながら決めていきます。

❖ ケーススタディ ｜ アパレル業界のターゲティング

あなたはアパレル業界で働いていて，自社の戦略に危機感を感じているとします。ここであなたが主張したいことは，聞き手である経営層に危機感を持ってもらい，新しいターゲットへと軸足を移していこうということです。このように説得する英語プレゼンを作っていきたいと思います。

大：The apparel industry currently faces a very competitive environment, and we believe our strategy of offering products in all segments does not work properly. Instead, it is important for us to narrow down our targets and find a position where we can offer our value.

アパレル業界は，現在，非常に厳しい競争環境にあり，全方向で製品を提供する戦略は適切に機能しないと思っています。それに代わって，ターゲットを絞って，

自分たちの価値を出せるポジションを見つけることが大切になってきます。

中： This is an STP analysis that illustrates the strategy for our planned industry position. The top is segmentation and targeting, and the bottom is a positioning diagram based on product type and price.

　これは我々が計画する業界ポジションの戦略を図解したSTP分析です。上がセグメンテーションとターゲティング，下が製品タイプと価格を軸としたポジショニング図になります。

小①： The target we should aim for is men in their thirties of normal build.

　我々が狙うべきターゲットは，普通体型の30代男性です。

小②： For this target, there are not many competitors, about four. The position that does not directly compete with those four companies is an area that is a relatively fashionable, yet relatively inexpensive.

　このターゲットの場合，競合他社は４社ほどで多くありません。その４社と直接的に競合にならないポジションが，比較的おしゃれでありながら，価格が比較的安いエリアです。

大２回目： We came up with this idea based on the hypothesis that men in their 30s want somewhat cool clothing at a low price, while they no longer have the need to go out as often as they used to. In this position, we strongly believe we can offer a product with sufficient value.

　以前のように頻繁に外出するニーズがなくなっている中で，30代の男性はちょっとカッコイイ服を低価格で欲しがっているという仮説から考えました。このポジションであれば，我々は十分に価値のある製品を提供できると思います。

JBポイント

大区分で，聞き手に我々が行うべきアクションを伝えます。

その説得のために中区分でSTPグラフの紹介をし，小区分①ではターゲッティング，小区分②では競合会社のポジションを鑑みながら，どこにポジションを取るべきかを伝えます。

最後に大区分でターゲットを決めた仮説と根拠を述べ，戦略が成功する確率が高いことを伝えてプレゼンは完了します。

ここでは，なぜアパレルが危機なのかについては触れませんでしたが，同じように大中小の法則を使えば簡単に作成できるのでトライしてみてください。

🔍 **narrow down** 〜を絞り込む

🔍 **value** 価値

🔍 **aim for** 〜を狙う

🔍 **come up with** 〜を考え出す

🔍 **hypothesis** 仮説

🔍 **sufficient** 十分な

22 散布図〈マーケティング・ファイナンス〉

6つの切り口	□2項対立　□数値分割　□プロセス思考　□因数分解　□類似性の分割
	☑因果関係の分割

◉ 肥満度と幸福度の関係

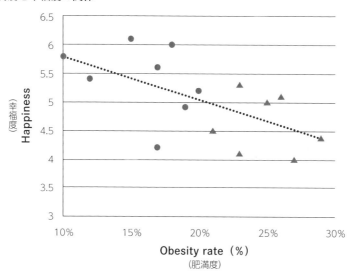

　　散布図は，２つの要素の関係性を見るためにデータを図にプロットしたものです。１つ目の要素が変化したことで，もう１つの要素がどのように変化をするか確認ができ，相関関係がわかります。

　あなたは外資系の広告代理店に勤めています。新しいダイエット食品の販売に関して広告依頼の作成を受け，肥満度と幸福度データを要素にデータ分析をしました。

　その結果，肥満度が上（下）がると幸福度が下（上）がるという負の相関関係がわかりました。

　そこで，「もう1つの幸せライフ？　ならばこれだよ」というキャッチコピーが人の心に刺さる可能性が高いと仮説を立て，顧客に提案をしたいと思います。

　※グラフにあるデータは，一般的な論考をベースに筆者が作成した架空の数字です。

大： As a result of our analysis, we could encounter a very interesting fact, that has a strong correlation between the obesity rate and happiness. So, for a new diet product ad, we want to propose the following tagline, "Another happy life? This is for you". Let me explain why with a graph.

　実施した分析の結果，とても興味深い事実に出くわすことができました。それが，肥満度と幸福度の強い相関関係です。このことから，新しいダイエット製品の広告のキャッチコピーは "もう1つの幸せライフ？　ならばこれだよ" と提案したいと思います。その理由を，グラフを使って説明していきましょう。

中： This scatterplot shows the relationship between obesity and happiness. The X-axis is the obesity level, and the higher it is, the more dangerous it is to your health. On the other hand, the Y-axis is the level of happiness.

　この散布図は，肥満度と幸福度の関係性を表しています。X軸が肥満度で，この数値が高くなるほど健康の危険性があります。一方で，Y軸は幸福度のレベルになります。

小①： ▲ is one year old data taken from a group that plans to implement a certain diet.

　▲はあるダイエットを実施する予定のグループから取った1年前のデータになります。

小②：On the other hand, ● is the current data taken from the same group after the diet was implemented. The results of the two data relationships are shown in the grey dotted line. This negative direct proportion means that higher obesity tends to be associated with lower happiness, and vice versa.

　一方で，●はダイエット実施後に，同じグループから取った現在のデータです。2つのデータの関係性を調べた結果，黒の点線のようになりました。この負の正比例は，肥満度が高いと幸福度が低くなる傾向があり，その逆も同じことがいえることを意味しています。

大2回目：Hence, there is a strong negative correlation between obesity and happiness. From this point of view, we thought that the best tagline for the new diet product would be "Another happy life? This is for you". This will be able to win the heart of people who want to be happy.

　このように，肥満度と幸福度には強い負の相関があります。このことから，この新しいダイエット製品のキャッチコピーは，"もう１つの幸せライフ？　ならばこれだよ"が最適と考えました。これは，幸せになりたいと望む人々の心をわしづかみにすることでしょう。

JBポイント

大区分で新しい発見から自分たちのキャッチコピー提案を一気に伝え，その理由を，グラフを使って述べていきます。
小区分では，１年前と現在のデータを比較します。小区分①で１年前のデータを紹介し，小区分②で現在のデータの紹介とともに，２つを比較してわかった関係性を伝えます。
最後の大区分で，発見した関係性から本提案の有効性を述べて文章が完成します。

🔍 **encounter**　～に出くわす
🔍 **correlation**　関係性
🔍 **obesity**　肥満
🔍 **ad**　広告
🔍 **tagline**　キャッチコピー
🔍 **axis**　軸
🔍 **direct proportion**　正比例
🔍 **vice versa**　逆もしかり
🔍 **associate with**　～と関係がある

23

フィッシュボーン（特性要因図）

〈オペレーション〉

6つの切り口	□2項対立　□数値分割　□プロセス思考　□因数分解　□類似性の分割
	☑因果関係の分割

● フィッシュボーンの基本形

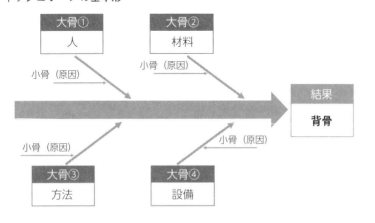

● ケースへの応用

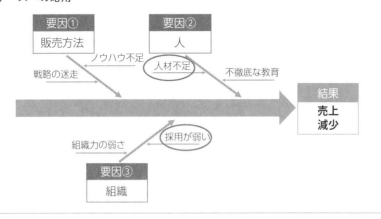

　フィッシュボーンは,「1つの結果を生むのは1つの原因とは限らない」という考えから生まれました。製造業の品質管理（QC：Quality Control）の目的等で使われ,「QC七つ道具」の1つです。もちろん他のビジネスシーンやビジョン形成でも使えます。

　魚の骨のような形をしており, 課題発生原因を追究するために以下のように要素をリストアップします。

背骨：取り上げるべき課題, 不調, 結果（＝特性）を設定します。
大骨：背骨の構成要素もしくは背骨を発生させる要因。基本は「人（man）」「材料（material）」「方法（method）」「設備（machine）」の4Mを使って考えてみます。
小骨：大骨で発生している問題の原因を考えてみます。
※ちなみに, 小骨をさらに要因分析することができますが, その場合, この小骨からまた枝分かれさせて孫骨を作ります。

❖ ケーススタディ ｜ 今期の売上減少について原因究明する

　あなたは教育事業を運営する会社のマネジャーです。経営層から今期の売上減少についての原因究明とその対策を考えるよう求められ, フィッシュボーンを使って分析結果をプレゼンしようとしています。ここでは, 教育事業という業態に合わせて, 大骨を3つの要因に絞っています。

大：We have analyzed the various hypotheses about the causes of the sales decline in the current quarter. Having identified the causes that need to be improved, today I am going to explain "what measures we should take in the future".

　当四半期の売上減少の原因について, 様々な仮説をもとに分析しました。改善するべき原因を特定したので, 本日は「我々は今後どのような対策を講じるべきか」について説明したいと思います。

中：This time I used a fishbone diagram with three hypotheses to investigate the cause.

今回，原因究明を行うために，私は3つの仮説でフィッシュボーン図を使ってみました。

小①： First, the sales method. The conversion rate deteriorated due to stray strategies and lack of know-how.

まず，販売方法です。戦略が迷走しているのとノウハウ不足で，コンバージョン率が悪化しました。

小②： The second is people. There was a lack of front-line workforce and inadequate training for employees.

2番目が，人です。現場での人材不足と，社員に対する教育が不十分でした。

小③： The last is organization. We have not been able to provide a supportive environment for onsite due to weak organizational strength and inability to work together as one, as well as weak recruitment.

最後が組織です。組織力が弱く一丸となれないことや，採用が弱いため，現場をサポートできる環境を与えることができていませんでした。

大2回目： In this context, The main reasons for the decline in sales were a shortage of workforce and weak recruitment. Specifically, it is possible to think that we have focused only on hiring managers and not hired front-line workforce, making the front-line exhausted. I believe that we should place the highest priority on securing the necessary number of front-line workforces, so we can maintain the health of existing employees and manage their motivation.

この中で，売上減少の主原因は，人材不足と採用が弱いことでした。具体的には，マネジャークラスの採用ばかりに力を入れてしまい，現場人材を採用できず，現場が疲弊していることが考えられます。現場が必要な人数の確保を最優先にして，既存の従業員の健康維持とモチベーションを管理するべきと考えます。

JBポイント

大区分では，このプレゼンの目的である”調査をした結果の報告”と”問題提起”を伝えます。

次に中区分では，仮説分析のためのフィッシュボーン図を紹介します。

そして小区分で，各仮説について具体的な状況を説明していくという段取りです。

最後の大区分で原因を特定するわけですが，人材採用を最優先とし，現場従業員の環境改善をすることを提案します。

ちなみに，実際の分析現場では，原因特定の際には数字を使った仮説検証が必要になってくると思います。本書の内容と外れたものになるので割愛しますが，覚えておいてください。

- **identify** 〜を特定（明確）にする
- **measure** 対策
- **deteriorate** 悪化する
- **stray** 迷走する
- **front-line** 最前線
- **workforce** 従業員
- **in this context** この文脈において
- **place a priority** 優先順位を決める
- **secure** 〜を確保する

ロジックツリー（原因追求型）
〈統計・オペレーション〉

24

6つの切り口	□2項対立　□数値分割　□プロセス思考　□因数分解　□類似性の分割
	☑因果関係の分割

● 原因追求型のロジックツリー

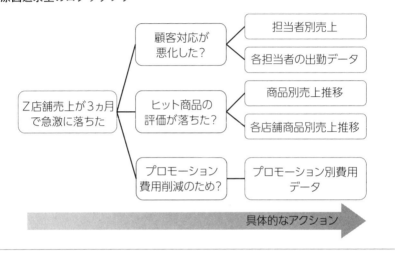

最後に，ロジックツリー（原因追求型）を紹介します。どうして結果のようになるのか（Why）をツリーのように展開して探ります。

これにより，問題の発生原因を特定しやすくなり，必要なデータやとるべきアクションの優先順位が決めやすくなります。

❖ケーススタディ ｜ 売上減少の原因をロジックツリーでつきとめる

　あなたは，小売業で働いています。ヒット商品を生み出し順調に売上を伸ばしていましたが，ここ３ヵ月の間でＺ店の売上が急激に落ちたことに愕然とし，今後の打ち手をどうするべきかを考えています。

　図にある全ての仮説を調べると，Ｚ店舗でのベテラン担当者が辞めてから，急激に売上が下がっていることがわかりました。マネジメント会議で，今の状況と対策についてプレゼンします。

大：In this meeting, unfortunately I have to report some bad news. It is about a significant sales tumble of our product in the store Z. In order to address this issue, we need to discover what the actual problem is and take immediate action.

　今日のミーティングは，悪いニュースを皆さんにお伝えしなければなりません。それは，我々の商品売上がＺ店で著しく悪化しているということです。この問題に対処するために，何が本当の問題なのか？を探り，そして速やかなアクションをしなければなりません。

中：Here, we used this logic tree to test the data by using three hypotheses.

　ここでは，このロジックツリーを使って，３つの仮説を挙げてデータ検証してみました。

小①：First, we hypothesize that customer service is deteriorating. For testing this hypothesis, we compared sales by people in charge with attendance data for each person in charge.

　まずは，顧客対応の悪化という仮説です。この仮説の検証のために，担当者別売上と各担当者出勤データを比較しました。

小②：Next, our hypothesis is that the valuation of hit products has declined. For testing this hypothesis, we compared sales by product with product sales by store.

　次に，ヒット商品の評価が落ちたという仮説です。この仮説の検証のために，商

品別売上と店舗ごとの商品売上を比較しました。

小③：Lastly, our hypothesis is whether we have reduced promotional costs. For testing this hypothesis, we have reviewed the promotional expense data.

　最後が，プロモーション費用を削減してしまったという仮説です。この仮説の検証のために，プロモーション費用データを確認しました。

大2回目：From these tests, we learned that the sharp decline of the store Z sales was largely due to a lack of handover and training, affected by the sudden resignation of a veteran staff member. To regain our customer care level just as before, we are going to assign experienced staff from other stores to support store Z and give periodical trainings to store Z staff.

　それらの検証からわかったことは，Z店売上の急激な下落は，ベテラン担当者が急に辞めたことによる，引継ぎや教育の不足が大きく影響しているとわかりました。今後は，他店から経験豊富なスタッフをZ店のサポートに割り当てつつ定期的な研修を行い，以前と同じレベルの顧客対応を取り戻したいと思います。

JBポイント

まず大区分で特定の店舗における問題の提起を行います。そして，自分たちがこの問題に対して迅速に取り組むことを宣言します。
次に，中区分で，ロジックツリーを使って問題発生の所在発見のため3つの仮説を立てます。
小区分①②③では問題の仮説を紹介し，それぞれ具体的な検証方法について触れます。
最後の大区分で，問題発生の真の原因に触れ，その問題に対する具体策を挙げて文章は完了になります。

🔍 **tumble**　滑落
🔍 **address**　〜に対処する
🔍 **hypotheses**　仮説
🔍 **due to**　〜が原因で
🔍 **handover**　業務引継ぎ
🔍 **resignation**　退職
🔍 **regain**　〜を取り戻す
🔍 **assign**　〜を割り当てる

Column　Hook wordsで相手の注意を引く

　Hook wordsという言葉をご存じでしょうか？　hookというのは魚を
ひっかけるという時に使いますが，ここでは，相手の注意を引くという
意味で使います。人間の集中力はもって10分ほどと言われ，例えば，あ
なたのプレゼンを聞いていても，人はすぐに他のことを考えてしまうよ
うです。特に今はスマホ時代，手元にスマホがあればそれだけで集中力
が削がれてしまいます。ただ，聞き手に「携帯電話は切って集中して聴
いてください」とは，よっぽどの影響力のある方でない限り難しいで
しょう。リモートならば尚更ですね。では，どうやったら少しでも聞き
手に集中してもらえるのでしょうか？

　大きく分けて２つ，私が使うテクニックがあるので，それを紹介して
いきましょう。

　まず，相手の注意を引くという意味では絶大な効果のある「**沈黙**」と
いうSilent Hook wordsです。現代では，行く先々で情報が飛び交いま
す。すると，我々は常に情報を得ることができて当たり前と思っている
のではないでしょうか。聞き手も，当然，プレゼンという場では，情報
をたくさん得ることができると思っているはずです。その期待の逆を突
くと，すなわち「沈黙」というテクニックを使うと，人は経験したこと
のない事態に驚き，一気に緊張が走るのです。

　例えばこんな感じです。
However,（**沈黙３秒**）times have changed.

　「しかしながら」という言葉の後に，数秒の沈黙です。聞いていた人
はさらに注目し，聞いてなかった人は沈黙に困惑し，今まで横の人とお
喋りしていた人が前を向き，携帯で下を見ていた人が顔を上げるでしょ
う。人は沈黙が怖いのです。もちろんプレゼンターであるあなたも怖い

でしょう。ただ，これに慣れてくると，「聞き手にこれだけは知ってもらいたい」というポイントで，大多数の人に注目してもらうことができるのです。

　次に，Hook wordsもしくはTransitions（移行）キーワードを使って，相手の注意を引くというテクニックです。

　聞き手は100%の集中力であなたのプレゼンを聞いてるわけではありません。途中で集中力が途切れることもあります。それでも，聞き手に知ってもらいたいことや理解してもらいたいことがあったとしましょう。そんな時，プレゼンの切れ目でHook wordsをうまく使うことによって，聞き手はこの一部から「ちょっと聞いてなかったけど，たぶん○○のことだろうな」とか「次の話はもしかして●●かも」と，予想をすることができます。

　以下が状況別に整理したHook wordsになります。

時間と順序

First/At first	最初に
Second/Secondly	2番目に
Finally	最後に
Above all	何よりも
Next	次に
Then	その後
Before/After〜	〜の前/後に
At this time	今の時点では

強調

Undoubtedly	疑いもなく
Absolutely	絶対に
Particularly	特に
In particular	特に
Especially	特に
Obviously	明らかに
Clearly	明らかに
Indeed	実際に

対照

But/However	しかしながら
In contrast	その一方で

Contrary to〜	〜に反して
Whereas〜	〜である一方で
On the other hand	他方では
Despite of〜	〜にもかかわらず
Nevertheless	それにもかかわらず
Unlike〜	〜とは違って

追加事項

Too/Also	も同じく
In addition	加えて
Furthermore	その上に
Moreover	その上に
As well as 〜	〜も同様に
Besides	他にも
Not only〜but also	〜だけでなく
Along with〜	〜とともに

原因と結果

As a result	その結果
Hence	それゆえに
Therefore	それゆえに
Thus	それゆえに
So	だから
Because	その理由は
Due to〜	〜が原因で
Consequently	結果的に

事例表示

For example	例として
For instance	例として
As an example	1つの例として
Such as〜	例えば〜など
In the case of〜	〜の場合
In this case	この場合
Shown by〜	〜で表示のように
Illustrated by〜	〜で表示のように

例えば，

On the other hand, 〜

　と話せれば，きっとこの前には，〜以下の内容の反対について話していたのだろうと予測できるわけです。これが，聞き手が最後まで“何となく”聞いてくれるテクニックなのです。

第4章

外国人を動かす
プレゼンをするには

人に自分たちが行っていること・考えていることを理解して
もらい，そして聞き手にアクションを起こしてもらうのはど
の業界のマネジメントでも重要です。
第4章では，よりうまく伝えるためのテクニックをご紹介し
ます。

01 外国人を動かす大前提

● 演技力ではごまかせない

優秀かどうかは取り繕っても
見抜かれます。

プレゼンのクオリティはシビアに評価される

グローバルエリートにとって**聞き手を動かすプレゼン力**は必須です。

例えば，NASAは，宇宙飛行士の選抜とキャリアを考えるときに，伝える力を重視します。宇宙飛行士は宇宙プログラムの顔であり，選抜試験が終わると記者会見に臨み，自分たちの仕事がどのように社会に貢献したのかを伝え，多くの人たちに宇宙探査に対して興味を持ってもらわないといけないからです。

また，IT分野の調査やコンサルティングを行う米国ガートナーが，米国の有名企業に所属するCIO（最高技術責任者）がその地位まで上りつめることができた理由について調査を行いました。その結果，1番が事業そのものに関する知識，2番目が意思決定を左右するための伝える力だったそうです。

「プレゼン力」というと，「演技力が大事」のように考える方もいるかもしれません。私も，海外投資銀行に就職した当時，そのように考えていました。

というのも，学生時代，米国で俳優を目指していた時期があり，舞台に出た経験もあったので，「自分は人に伝える力があるからプレゼンは

大丈夫なはずだ」という自負がありました。

　しかし，その自信は見事に打ち砕かれました。

　「お前の眠たい演技はわかった。それで，我々に何をしてもらいたいんだ？」

　聞き手の反応は白けたものでした。

　海外投資銀行を含む外資系企業は，地位や出身地等に忖度はなく，「クオリティのよし悪し」だけで判断される世界です。薄っぺらい演技だけではすぐに見抜かれてしまいます。

　当時の私に欠けていたものは何だったのでしょうか？

　私は海外で英語プレゼンの場数を踏んできました。日本でも，独立してから，さまざまな業務コンペでプレゼンを経験してきました。独立すると，会社の信用を借りることはできません。数年は負けの多い日々を過ごしていました。しかし，あるタイミングから勝ち負けの数が逆転しました。プレゼンに余裕ができ，自分のプレゼンを客観視できるようになったぐらいの時です。そして，その時に当時の自身のプレゼンに欠けていたものが何かわかったような気がしました。

　ここでは英語・日本語にかかわらず，プレゼン時の大事な心がけについて説明します。

プレゼン時に大事な3つの心がけ

　まず1つ目に，大切な時間を割いてプレゼンに参加してくれたことに対して**敬意を示すことが大切**です。当時の私は，相手に敬意を払うことはできていなかったと思います。自分のプレゼンに精一杯でした。取り返すことのできない貴重な時間を割いて聞きに来てくれた感謝を，くどくならないようにさりげなく伝えます。

2つ目は，**緊張を楽しむ**ということです。緊張の原因は3つに分けられます。

---

① 　スキル不足や準備不足によるもの
② 　声によるもの（呼吸が整っていないために発生）
③ 　成功しなければ！といった焦りによるもの

---

　①は時間と労力が足りないだけです。一方で，②は発声トレーニングで解消できます（発声練習については後述します）。最後に残った③こそがなかなか難しい問題です。

　緊張は伝播します。プレゼンする側が緊張していると，同じ会場にいる聞き手も緊張し，会場が重苦しい雰囲気になってしまいます。会場の空気を和ませなければいけません。「待ち望んでいた人に話せる」そう考えて，緊張を楽しい気持ちに変えて臨んでみましょう。

　3つ目は，**自分らしくいる**というシンプルなことです。いつも明るい人がわざわざクールな人を装う必要はありません。逆にいつもクールな人が無理して明るく演じても，聞き手は痛々しく感じます。私も当時はその1人だったと思います。自分らしくないことを見透かされていました。相手には，プレゼンの内容よりも違和感だけが残ったことでしょう。

　もちろん演技も一部必要なのですが，それ以上に自分らしくいることが大切なのです。その理由は，プレゼンで聞き手を説得するためには「人間性」「パーソナリティ」に対して好感を抱いてもらうことも必要だからです。プレゼンを差なく終わらせるだけであれば，AIでも十分です。しかし，「一緒に仕事がしたい」「このプロジェクトに参加したい」と思ってもらうためには，あなた自身の素の魅力を伝えることも必要なのです。

JBポイント

プレゼンは自分を成長させてくれます。私自身，いまだに１回１回のプレゼンで学びがあります。

聞き手の１人が冷めた発言や質問ばかりし，会場全体がネガティブな雰囲気になったこともあります。大盛況に終わることもあります。会場の雰囲気のコントロールは難しいのです。だからこそ，雰囲気の悪化を最低限で止められるような冷静さと心の余裕を持って臨まなければなりません。

これらを意識し続けることで，勝ち（価値）プレゼンへと変化させることができるのです。

02 海外での活発な質疑応答に備える

想定質問の準備は不可欠

　外国人相手のプレゼンでは，想定質問を準備することが非常に大切です。

　日本人の場合，「質問レベルが低いかもしれない」や「質問するということは頭の悪さを露呈するのでは？」と，あまり質問が出ずになんとなく微妙な空気が流れて質疑応答が終わりがちです。それに対し，外国人はわからないと本当によく質問してきます。

　この活発な質疑応答が，よいプレゼンターを育てます。質問を受け入れ，答えることで，どんな状況においても動じなくなります（私が答えられずに他の聞き手が答えてしまった…という苦い思い出もありますが）。

聞き手のレベルで質問が違う

　聞き手の知識レベルは必ずしも同じではありません。どんな質問が来るか予想がつかないことは恐怖です。しかし，その恐怖こそがプレゼンを多方面から考えるきっかけになります。様々な知識レベルを想定し，質問を考えるのです。

「もしかしたら，△△の見方があるかも」
「ここの部分は，理解度に差が出てくるな」

　2回目以降のプレゼンならば聞き手の生の声を拾ってもっとブラッシュアップできます。

「前回こういう新しい質問があったから回答を用意しておこう」
「意外なところに興味を持っていたな」

質疑応答シート

　私は下のような質疑応答シートを作ります。好みがあると思いますが，これらの項目を埋めるだけでも第一歩になるのではないでしょうか？

	対象箇所(ページ)	予想される質問・異論	質問・異論の根拠	対応方法
1	△△(12ページ)		別視点の可能性	
2	○○(20ページ)		聞き手の知識の差	
3	▼▼(23ページ)		以前の観客の質問	
4	■■(27ページ)		以前の観客の興味	

JBポイント

質問を投げたり返したりすることは決して悪いことではありません。むしろプレゼンターとして，怖い反面，質問をしてくれるということは興味を持ってくれていると思いましょう。

相手の質問がわからなかったときの対処法

　プレゼン本体の部分が終了すると，いよいよ多くの人が苦手意識を持つQ&A場面になります。

　第4章03「海外での活発な質疑応答に備える」では，想定質問を準備することが大切と述べましたが，あらかじめ想定していても，相手の質問に答えられない場合があります。その時の対処法を紹介しましょう。

　質問に対して答えられないケースは，大きく2つあると思います。

---

①　質問に対して日本語では回答できるのに英語だからできない
②　質問者が早口すぎて，英語が聞き取れないため質問自体がわからない

---

　①に関しては，想定質問の準備の足りなさが原因です。日本語では答えられるのに英語で答えられないのであれば，短文作成と自身が従事する業務関連ワードを徹底的に覚えることで，うまく乗り切ることができると思います。

　皆さんが一番恐れているのは，間違いなく②でしょう。いわゆる英語の嵐に巻き込まれて，頭がパニックになり答えられるメンタル状態ではなくなってしまうケースです。私も同じような経験を何度もしました。ただ，そのパニックになってしまう原因を考えると，この状況に少し落ち着いて対処できるようになります。

　恐らく日本人は，「相手の質問がわからないのは，自分が無能だから。わからないと無能を露呈してしまう」という恐怖観念からパニックに陥ってしまいがちなのだと思います。単純に英語力がまだ足りていないと考える人もいるかもしれませんが，やってみないとわからないのではないでしょうか。

　ネイティブは，あなたがネイティブでないことは十分にわかっているので，質問の確認をされることに抵抗感はありません。むしろ，確認なしで質問に答えるより，確認してから答えてくれることに少し安堵する

はずです。本書を書く際に，私の友人のネイティブに聞いたのですが，全員が口を揃えて「It is pleasure to be asked（聞いてくれることは歓迎だよ）」と言っていました。ですので，躊躇することなく**必ず**確認するようにしましょう。

　以下は相手に確認するとき，もしくは対処するときに役立つ英語になります。

【確認するとき】

- Could you say that again?　もう一度言ってもらえますか？

- Do you mean〜?　という意味でしょうか？

- Let me clarify your point, what you are trying to say is〜, is that right?　ポイントを明確にさせてください。あなたの言ってることは〜で合ってますか？

【個別で話そうとするとき】

- Can we talk about this in person?
  個別で本件について話してもよいですか？

- Let's discuss the point after the presentation.
  プレゼン後にこのポイントについて話しましょう。

- I don't have much time to explain in this presentation, why don't we set another chance for details.
  このプレゼンでは説明する時間がないので，詳細は別の機会にするのはどうでしょうか？

　もちろん，これだけ準備をしたとしても，さっぱりわからない場合や対応ができない場合もたくさんあるでしょう。しかし，それでも負けずにプレゼンの舞台に立ち続けてください。どこかのタイミングで変化を感じることができると思います。プレゼンは，何だかんだ最後は精神力で決まります。そして精神力は，場数を踏むことで鍛えられるのです。

第5章

リモートプレゼンは
準備が9割

コロナ禍で増えたリモートプレゼン。海外ビジネスでも活発
に利用するようになりました。便利な反面，リアルでのプレ
ゼンと比べてニュアンスが伝わりづらく難しい点もあります。
周到な準備が必要です。

01   設備面

　COVID-19の長期化で，多くの人がリモート環境で業務をすることが当たり前となりました。そして，プレゼンをするパターンも以下のように増えたと思います。

① 　自宅からのリモート配信
② 　会社や機材がそろった現場からのリモート配信
③ 　対面プレゼン

　今後は，①のリモート配信の割合が大きくなると個人的に予想しています。以前までは，個人配信にはネットワーク環境や配信機材のスペックなどによる懸念がありましたが，技術の進歩により個人でも安定した配信をすることが可能になってきているからです。
　場所を選ばず自宅でプレゼンをするという世界がすぐそこにあります。その場合，設備設定や配信テストも自らしなければなりません。ここでは，私が英語プレゼンを行う際の機器や準備について紹介したいと思います（会社や現場へ行けば，配信スタッフが設備からテストまで準備してくれるでしょう。必要のないと思われる方は，本編は読み飛ばしていただいて大丈夫です）。

電源確保

　リモートでのプレゼン配信は，意外に電力を使います。外付けカメラ，LANケーブル，リングライト，書画カメラなどの付属品を多く使うためです。そのため，パソコンだけでなく電源を別に確保したほうが安定します。私はACアダプターが付いたUSBポートを利用し，どの付属品

でも最高のパフォーマンスになるようにしています。

リングライト

　リングライトは，通常のメンバー会議ではなく公式に英語プレゼンをするのであれば必須です。（設備や部屋の影響で）暗い顔をしたプレゼンターの話をあまり聞きたいと思う人はいないからです。

外付けマイク

　リングライト同様必要ないと思う方もいると思いますが，声はリモートでは重要な要素です。イヤホンマイクを付けてもそこまで変化がないかもしれないのですが，イヤホンマイクだとハンドアクションをする際にコードが邪魔です。さらに，イヤホンマイクは話に夢中になっているうちに洋服に擦ったりして，嫌な音を発することがあります。公式なプレゼンであれば外付けマイクは必須です。

配信テスト

　配信テストは非常に大事です。聞き手は，あらゆる端末から参加します。私は英語プレゼンや講演の際には，前日までに自身のiPhoneとiPadで同時ログインし，資料の字の大きさなどの見え方の確認やマイクテストをします。iPhoneやiPadなどを固定できる三脚や固定設備があると定点観測できて便利です。

自宅ネットワーク設備

　Zoom, Teams, Webexなど様々な配信ソフトがあります。ネットワー

ク環境が悪いと途中で配信が落ちるという最悪の事態となります。その
ため，LANケーブルでの接続をオススメします。その時点での最新の
規格，最速の伝送速度，太いケーブルを選ぶことで不安定な配信を避け
られます。

　おかげで，1年間200回くらいのプレゼンや授業，そしてリモート講
演をしますが，途中で落ちてしまった経験はありません。

自宅バックアッププラン

　自宅ネットワークそのものが不全に陥るときもあります。システムは
決して完璧なものはないですし，絶対大丈夫という保証はありません。
だからといって，勝負の英語プレゼンで「これも仕方ない話だ！笑い飛
ばそう！」なんて気持ちにはなかなかなれないでしょう。

　私も過去に数回自宅ネットワークに障害が生じてプレゼンを10分ほど
止めなくてはいけないときがありました。この10分間は永遠にも感じる
ほど嫌な汗をかきました。しかし，この経験のおかげで，私は問題が
あっても「なんとかなる」と思える余裕が持てるようになりました。以
下では，私のバックアップの方法について紹介します。

① 非常時にもPC以外の端末での配信ができるよう，予備の設備を揃えます。私は
　 配信テストで使ったiPhoneとiPadをスタンバイ状態にしています。
② 非常時には，スライド操作がうまくいかない場合があります。iPadだと問題あ
　 りませんが，端末がiPhoneしかない場合には，事前に講演のサポートスタッフに
　 プレゼンスライドを共有して，非常時におけるスライド操作をお願いしておきます。
③ ネットワークが落ちた瞬間に，スタッフはプレゼンターの代わりに画面共有を
　 し，プレゼンターは会社や一般回線を使ってiPhoneやiPadでログインをし直せば，
　 聞き手にトラブルを感じさせずにプレゼンを再開することができます。
④ あとは，各スライドの説明が終わるたびにサポートスタッフに対して「この
　 ページでは〜という説明をさせてもらい，次のスライドにいきましょう」という
　 トークパターンを共有しておけば，スライドコントロールの連携も容易にできる
　 でしょう。

02 服装・発声・目線

● リモートプレゼンで魅せるには？

声がこもってよく聞こえない…

　プレゼンでは,「自分自身をいかに魅せるか」が重要な要素です。好むと好まざる関係なしに,我々は服装・声・しぐさで評価され,出会って10秒前後で判断されているのです。

リモートでの服装

　まずはリモートでの服装について触れていきましょう。リモートの場合は胸上部分しか見えないため,対面ほどは気にしなくてもよいでしょう。ただ,「映えない」色使いをすると,印象がぼやけます。白シャツオンリーでは,顔面が真っ白に映ります。黒のシャツも顔色が暗く見えます。もちろん部屋の明るさや外付けライト（リングライト）などで調整可能ですが,なるべく自身の顔が明るく映ることを意識した清潔感のある服装を選択します。

目線の置き方（リモート）

　リモートでの目線の置き方には注意が必要です。カメラを見下ろす目

線には絶対にしてはいけません。相手を見下す雰囲気が醸し出されてしまいます。もし内蔵カメラがPC画面の下にある場合は，外付けカメラを取り付けましょう。目線とカメラを同じレベルにするのがベストです。

　では，配信時はカメラを見続けるべきなのでしょうか？　これは人によって意見が異なりますが，見続けなくてもよいと思います。理由は，ずっと同じ目線だと多くの人が飽きてしまうからです。そこで私は聞き手の注意を引くため，あえて動きを作るテクニックを使います。

● 自分が回想シーンを演出したい場合は，「上や下を向く」
● 何か重要なことを伝えたいと思う直前には，「腕をまくる」「椅子に座りなおす」

　あえて目線を外し，アクションを加えることでリモートのプレゼンの濃淡がはっきりとわかるのです（当然，やりすぎてしまうと逆に気が散ってしまうこともあるので注意が必要です）。

　ちなみに，Zoomプレゼンでは参加者数を目線の先に表示しないほうがよいかもしれません。これは結構あることなのですが，参加者が大量離脱してしまうと気持ちが折れるのです。

　開始15分後と1時間後に離脱が多くなりがちです。それを見てしまうと気持ちが下がりますので，参加人数を見るのは最初と最後だけにするのがおすすめです。

声の質を鍛錬する

　リモートで英語プレゼンをするときに気を付けるべきなのが，「発声」です。Zoom等でスライドを使ってプレゼンをする場合，聞き手にとっては声がメインとなります。聞き手から見える自分の投影サイズは画面の5〜10％ぐらい，テレビの端っこにワイプで映される芸能人と同じようなものです。芸能人はワイプの中で大げさにリアクションしたり，声

を大きく出したりしてアピールします。

　英語プレゼン中に，そこまでのリアクションはできません。そうであれば，**声の質を鍛錬する**ことに**特化**します。

　「気力は眼に出る。生活は顔色に出る。年齢は肩に出る。教養は声に出る。」という言葉をご存知ですか？　写真家の土門拳さんの言葉です。

　ただし，これは声がキレイに出せることを意味しているわけではありません。一所懸命に「伝えたい，そして役に立ちたい」という気持ちを声に響かせることが，信頼につながるのです。

　アナウンサーのように声を職業にしている人たちの本格的トレーニングではありませんが，私もリモートプレゼンに限らずプレゼンの前には，ストレッチをし，プロから教えてもらった簡単な発声練習をします。

よい声を出すためのストレッチ

　声を出すためには，身体全体を使う必要があります。身体は「楽器」。身体（楽器）に目いっぱい力を込めてもよい声（音色）は出ません。身体（楽器）をしなやかに動かすからこそよい声（音色）が出るのです。そのために，プレゼンの前にはストレッチがおすすめです。

【首】
① まずは首をゆっくり一回転させてください。
② 左手（右手）を，後頭部方面から回し，右耳（左耳）まで伸ばします。
③ 右耳（左耳）をつかみ，息を吐きながら左（右）へとゆっくり首を倒していきましょう。無理がないところで止めます。
④ 次に両手を万歳するようにあげて，そこから両手で後頭部をかかえます。
⑤ 息を吐きながら，ゆっくりと両手を前方向にひっぱり，無理のないところで止めます。
⑥ ①〜⑤を3回繰り返します。

【肩】

肩の上げ下げを繰り返します。ただし，これも呼吸と一緒にやりましょう。肩をあげるときは，呼吸をゆっくりと吸い込みながら。肩を下げるときには，呼吸をゆっくりと吐きながら行いましょう。これを3回繰り返してください。

【肩甲骨のストレッチ】

① 肘を90度曲げながら両腕を前に出します。（両手は上向きです）
② 手のひらは自分の顔に向けます
③ 両手をゆっくりと広げていきましょう。無理のない程度で肩のラインと同じくらいまで広げます。
④ ③の状態をキープしながら肘をゆっくりと降ろしていきましょう。その状態で10秒キープします。
⑤ ①〜④を3回繰り返してみてください。

リモート英語プレゼンだからこその簡単な発音トレーニング

英語の発音には，「R」と「L」の違いや「s」と「th」の違いなど，日本語とは異なるものも多くあります。発音ばかり気にかけるのはナンセンスですが，効率的に発音を矯正できる方法があるのでご紹介します。

まず1つ目が，ネイティブスピーカーにお金を払ってプレゼン文章を音読・録音してもらうことです。そして，録音したネイティブの話し方と同じように発音をしていくのです。**シャドーイング**といいますが，本当に効果的です。自分の口や喉，顎などの筋肉を使ってネイティブと同じように発音してみることによって，発音に対する先入観が覆されることがよくあります。

2つ目は**早口言葉**です。英語ではtongue twisterと呼びますが，できるようになると舌の筋肉が鍛えられ，滑らかな英語発音に変わっていきます。厳選した3つを以下で紹介します。

She sells seashells by the seashore.
（シー　セルズ　スィーシェル　バイ　ザ　スィーショァア）

How **can a** clam cram **in a** clean cream can?
（ハウ　**キャナ**　クラム　クロァム　**イナ**　クリーン　クリーム　キャン）

If a dog chews shoes, whose shoes **does he** choose?
（**イファ**　ドッグ　チューズ　シューズ, フーズ　シューズ　**ダズィー**　チューズ）

　下線は，多くのネイティブが短縮して発音するところです。パターン
も決まっているので，実際に発音してみて音で覚えるようにしましょう。

さて，Opening remarksとClosing remarksについて話をしていきましょう。

Opening remarksとClosing remarksとは，それぞれ"冒頭の言葉"と"〆の言葉"を指すものです。そして，これらは全て決まり文句になっているので覚えておくとよいでしょう。

Opening remarksとClosing remarksはそれぞれがいくつかの項目に分かれるので，以下に事例を紹介しながら見ていきます。

● **Opening remarks**

【最初の挨拶編】

● Good morning, everyone!

皆さん，おはようございます！

● Good evening, ladies and gentlemen.

紳士淑女の皆様，こんばんは。

● Good evening, colleagues.

同僚の皆様，こんばんは。

● Welcome to my presentation.

ようこそ，私のプレゼンに。

● Thank you very much for giving me an opportunity for my presentation today.

本日，プレゼンテーションの機会をいただきまして，心から感謝いたします。

● I am so honored to have a chance to speak here today.

本日，お話しする機会を頂戴いたしまして，大変光栄です。

【自己紹介編】

● I am JB. I am from ○○. I am a new project manager.

私は，JBと申します。○○から参りました。新規プロジェクトのマネジャーです。

●I am JB. I work for ○○.

私は，JBと申します。○○に勤務しております。

●For those of you who don't know me. I am ○○. I am vice president of operation management.

私をご存知ない皆様，私は○○と申します。オペレーション管理のヴァイスプレジデントをしております。

【プレゼン時間共有編】

●My presentation will be about 20 minutes.

私のプレゼンは大体20分ほどです。

●Today, I am going to talk about ～　for 30 minutes.

本日は，～について30分間お話しさせていただきます。

●I will make my presentation from one to two o'clock.

1時から2時まで，プレゼンをさせていただきます。

●I will make my presentation for one hour.

1時間，プレゼンをさせていただきます。

【プレゼンの目的編】

●The object of my presentation is～.

私のプレゼンの目的は，～です。

●The purpose of my presentation is～.

私のプレゼンの目的は，～です。

●The subject of this presentation is～.

このプレゼンの主題は，～です。

●The title of this presentation is～.

このプレゼンのタイトルは，～です。

【プレゼンのメリット編】

●This presentation may help you understand more about～.

このプレゼンは，～についての皆様のご理解を深めるお手伝いをするでしょう。

- After my presentation, you will have a deeper understanding about ～.

  私のプレゼンの後で，～についてご理解が深まることと思います。
- Through this presentation, you will learn many things about～.

  このプレゼンを通じて，～について多くのことを学んでいただけることと思います。

　上の５つの項目を１つずつ選んで組み合わせれば，本題に入るまでの構成は完璧です。そして，慣れてきたら，この構成をベースに自分なりのテイストに変更してみてもよいかもしれません。

　それでは，続けてClosing remarksについて紹介していきましょう。

●Closing remarks

　プレゼンの最後は，要約⇒終了宣言⇒Q&Aというパターンが多いので，それをベースに以下を紹介します。

【プレゼンの要約編】

- Let me sum up what I've told you so far.

  今までお話ししてきたことを要約させていただきます。
- I want to summarize the major points.

  主なポイントをまとめさせていただきたいです。
- Let me recap the major points now.

  主なポイントを要約させていただきたいと思います。
- As I don't have much time left, I am going to summarize the next few points.

  時間があまり残っていないので，次のいくつかのポイントは要約させていただきます。
- The main point for this section is～.

  このセクションの主なポイントは，～です。

【プレゼンの終了編】

● This chart concludes my presentation.

このチャートを私のプレゼンの最後にさせていただきます。

● That's all I have for my presentation.

これが，私のプレゼンの全てです。

● This is the end of my presentation.

これで，私のプレゼンは終わりとなります。

● This is the last page of my presentation.

これが，私のプレゼンの最後のページになります。

【Q&A編】

● I am happy to answer any questions.

どんなご質問にも喜んでお答えいたします。

● Does anyone have questions or comments?

どなたか，何かご質問かコメントはございますか？

● Please feel free to ask questions.

どうぞお気軽にご質問ください。

● Any questions?

何か質問はありますか？

● Are there any questions?

何か質問はございますか？

第6章

対面プレゼンを
より効果的にするテクニック

少なくなった対面プレゼンですが，ライブ感では対面に勝る
ものはありません。せっかく対面でプレゼンをするなら，よ
り効果的に伝えて聞き手を動かしたいものです。第6章では
成果を出す対面プレゼンについて解説します。

01　会場準備

　対面でのプレゼン機会は少なくなりました。だからこそ対面プレゼンがある際は準備を万全にしておきたいところです。リモートよりも面倒なところがたくさんありますが，リモートよりも気持ちが伝わりやすく，聞き手がのめりこみやすく，会場が一体になれるメリットがあります。ライブ感は唯一無二です。

座席レイアウト（会場レイアウト）

　人数が多ければ会場レイアウトはほぼ画一的ですが，規模によっては座席レイアウトを変えることも有効です。教室型のパターンが多いかもしれませんが，プレゼンターを180度・360度囲むドーム型も，効果的な場合があります。ただし，場所によっては融通が利かない場合があるため，事前に確認することで無駄なストレスを感じないようにしましょう。

時計やタイマー

　時間はとても大切です。プレゼン全体の中で，自分が今どの時点でどれくらいの時間が経過したのか，プレゼン進行度は早いのか遅れているのかを見るために，時計やタイマーは必ず常備するようにしましょう。

資料（＋予備）と筆記用具（聞き手用）

　資料配布をする機会も減りましたが，全体の流れやエクササイズの資料は，筆記用具とともに各テーブルに用意しておきましょう。例えば，

参加型やブレーンストーミング系で他の参加者と用紙の交換を行うならば紙は必須です。予備として資料を3～5部多めに持っておくと，何かあったときに便利です。

備品類

　リモートでもいえることですが，会場の規模によりマイクが必須です。ピンマイクではなくマイクを持つ場合は手がふさがるため，それを想定して練習する必要があります。

　さらに，パソコンを会場にあるスクリーンと接続するために，数日前までには使われているオス部分である端子を確認しておきましょう。HDMIやVGA，USBなどで接続するために変換アダプターを用意する必要があります。

　また，延長コードがなくて困ったことがあります。会場で接続確認したら，自分のプレゼン導線にPCコードがあって邪魔になり，延長コードを借りようとしたらなかったというケースでした。会場にあるだろうと楽観視していると，ないときにストレスになるため持参すると安心です。

便利なPCリモコン兼ポインター

　プレゼン資料をリモートで操作する場合，リモコンはかなり活躍してくれます。会場入りした際，パソコンとの接続確認と一緒にリモコンでスライドをコントロールできるか確認しておきましょう。

　リモコンの多くにはポインターが付属でついてくるのですが，このポインターは使わないほうがよい場合があります。その理由は，ポインターを必要以上に動かすと，その動きが目障りと思う方がいるためです。聞き手の集中を削がない程度に重要な点のみに使うようにしましょう。

02 　服装・発声・ジェスチャー

● リアルプレゼンで魅せる

棒立ちだな…退屈…

外国人相手のプレゼンでの服装

　日本国内で日本人向けにプレゼンするのと，海外で外国人向けにプレゼンするのとでは，服装への考え方が全く異なります。

　日本では，聞き手のバックグラウンドに応じて服装を考えます。

　外国人向けプレゼンでは，その国の正装でプレゼンをすることで好感度を上げる場合もありますが，まずは，プレゼンテーマにあった服装にすると，聞き手は信頼感を持つでしょう。

　IT関連のベンチャーのマネジメントであれば清潔感のあるカジュアルウェア，コンペ等のプレゼンであれば信頼をベースにしたフォーマルな服装がよいでしょう。

声を聞き手へ届けるには

　力強い声を出したいと思う人はたくさんいると思います。いわゆる聞き手に届く「前に出る声」です。これも簡単な小道具を使うことで直前練習が可能です。

　まず，500mlの空のペットボトルを用意してください。このペットボ

トルは表面が薄くて柔らかいものを選びましょう。

　次に，その飲み口を口でくわえます。息を吸ってボトルをへこませて
みましょう。この時，口で吸うのではなく，お腹（＝丹田：おへそから
指3，4本分下，背骨に向かって5cmくらい奥の場所）を意識しながら
実践すると効果的です。ある程度へこんだら，今度は息を吐いてボトル
を膨らませます。

　この練習は，最初は顎の筋肉が疲れますが，声の出し方が激変します。
そして3〜4m離れている人に向かって話すつもりで，声を出して練習
してみましょう。

　腹式呼吸のトレーニングも効果的です。マネジメントというポジショ
ンにつく人が声が暗く小さいと，自信がないように見えてしまうため，
気を付けなければいけません。腹式呼吸のトレーニングをして声に力を
持たせることにより，人に与える印象を変えることができます。

① 　肩の力を抜きます。
② 　鼻から息を3秒で吸います。
③ 　おへそから指3〜4本分下の箇所である丹田に吸った呼吸を集めて，3秒止め
　　ます。
④ 　口から，「すーっ」という言葉を出しながら10秒ほどかけて細く長い息を吐き
　　ます。
⑤ 　①〜④を5回繰り返し練習します。

　仕上げとして，「すーっ」と息を吐き続けるイメージで，第3章で挙
げた24の文章例を読んでみましょう。最初はできるところまでで構いま
せんので，長くしっかりと声を出す練習をしてみてください。

動きと目線の使い方

　対面では，リモートよりも体を動かして，その場にいる人の注意を向けることができます。歩く動作，ハンドアクション，そして目線の使い方です。

　欧米人を前にした英語プレゼンでは，日本人の感覚より数倍多くて問題ありません。「あまりこの動きを使いすぎると聞き手にとっては逆に目障りになってしまうからほどほどに」と考える必要はありません。

　しかし，会場に直接出向かなければ，このような本番さながらのリハーサルはできません。だからといって，PC画面上のプレゼンとにらめっこして練習しても本番でうまくこなせる可能性は限りなくゼロです（多くの日本のビジネスパーソンはこのケースが多いです）。

　では，どうすれば自分の体の動かし方や目線の使い方を練習できるのでしょうか。

　私が実践しているのは，スモールプロジェクターを使ってプレゼン画面を壁に映し出してリハーサルをする方法です。こうすれば本番環境でなくても，自宅や他のスペースでもリハーサルが可能です。リハーサルでは，以下のことを意識してみると効果は絶大です。

【歩く】
歩くときと止まるときにメッセージを込めると表現力が高まります。私はスライドの多くをQuestionから始めます。スライドを送る前に一度止まって，「待てよ，ではこれはどういう意味か？」と聞き手の疑問を声に出して演出します。これは，聞き手の集中力を切らせない効果があります。また通常歩くときは，ゆっくりと大きく歩くようにしましょう。この理由は，ゆっくりとしたアクションは聞き手を安心させるからです。プレゼンで緊張しているのはあなただけではなく，聞き手も同じです。だからこそ，ゆっくりと歩くことで，聞き手に寄り添う雰囲気を作り出すべきでしょう。

【スライドの送り方】

自分の話とスライドがリンクしなければインパクトは半減します。プレゼンで新しい商品を紹介する際，「This is our new product, ○○○」と言って紹介スライドに変わるような演出にすれば，聞き手はぐっとプレゼンに入り込みやすくなります。この練習はとても大切なので，何度も練習することで慣れておいたほうがよいです。

【目線の動かし方】

プレゼン初心者の多くはスライドばかりを見てしまい，聞き手を見て訴えかけることができずに終わります。プロジェクターを使った練習をして，自分が前を向くタイミングを練習してみましょう。

【各セクションごとの時間配分】

自分が思っている以上に時間は早く過ぎます。

リハーサルをしないと，本番プレゼン前にスライドの分量調整ができません。どこに時間がかかりそうか厳しく見積をし，後で慌てなくて済むようにしておきます。

第7章

プレゼン後のフィードバックで
さらなる上達を目指す

第7章では，プレゼンをよりよくするためのフィードバック
の活かし方について解説します。

01　フィードバックの貰い方

振り返り（Debrief）

「This is my presentation, thank you very much for your time!」

英語プレゼンが終了し，リモートで「いいね！」スタンプをもらったり，実際の会場で拍手をもらったりすると，少し肩の荷が軽くなります。無事に終えたことに安堵することでしょう。

しかし，ここで終わりではありません。さらに実力を向上させたいならば，次に向けて動き出す必要があります。

それは「**振り返り（Debrief）**」です。

私は英語プレゼン直後の振り返りこそ，上達効果が高いと考えています。その理由はシンプルで，プレゼン内容の新たな発見と反省点が鮮明になるからです。

「予想以上にこのスライドは聞き手にウケがよかったな」
「思ってもいなかった部分を褒められたぞ」
「思っていた流れに持っていくことができなかった……」
「一部，説明に予想以上に時間がかかったところがあったな」
「会場からの質問に対応できなかった」

これらをなるべくプレゼン終了後に書き記します。そして，翌日以降に具体的な改善へと進めていけばよいと思います。

何もしなければ，気づきもないし，仮説でしか自分のプレゼンを評価できません。自らフィードバックを取りに行く仕組みを作ることをおすすめします。

改善ポイントを知るには

　生の声を聞けるのはその場だからこそです。面と向かってすごく否定的なフィードバックはあまりないでしょう。ただ，改善ポイントはどこなのかを言葉にしてもらうため，私は段階的に誘導する仕組みを作っています。

　まず，「新たな発見はあったのか」に "YES" or "NO" で答えてもらいます。

　そして，「1つだけ今日のプレゼンに付け加えてほしいと思うなら何か」と続けます。

　聞き手をただの見物客にするのではなく，主役にさせて「自分ならこうする」と意思表明してもらうのです。裏を返せば，聞き手のニーズであり英語プレゼンで満たされなかった部分です。リモートの場合には，同じことを投票機能もしくはチャットで聞いてみましょう。

アンケートを書いてもらう

　次のようなアンケート用紙を準備し，アンケートに答えてもらうのも1つの手です。

質問/Question					
あなたにとって期待通りのプレゼン内容でしたか？ Did the presentation meet your expectations?	4 Very good	3 Good	2 Bad	1 Very bad	
プレゼンで良かったと思う3つを選択してください Please select 3 things you liked about the presentation	時間の長さ Length	テンポ Tempo	内容 Content	口調 Expression	論理的 Logical
あたなたにとって使える情報でしたか？ Was the information useful to you?	4 Very much	3 Yes	2 Partially	1 Not at all	
使えると思った情報を2つ選択してください Please select 2 things that you can use.	A	B	C	D	どれもない None of the above
その他プレゼンへのリクエストがありましたらご記入ください /Please indicate any other requests for the presentation					

　リモートでは，プレゼン終了後に，アンケートサービス（Google form等）に誘導して回答してもらいます。

　匿名形式であれば，否定的な意見もあり得ます。そのような場合には，第三者の他人に読んでもらうとよいでしょう。当事者になると受け止めるのに時間がかかるし，その回答の趣旨をネガティブに捉えてしまいがちだからです。その点，第三者に読んでもらうと，その人の意見も聞けるし，冷静に整理ができます。

02 第三者の意見を聞く

● **貴重な第三者目線**

客観的に見てくれる人は大切です。人それぞれ違う意見を持つのは当然のことですし，また自分のことを他人視点で見ようとしても現実的に不可能です。そんな時，友人や知り合いに頼んで，英語プレゼン全体を観察してもらうと効果は抜群です（一般公開されるようなプレゼンに限りますが）。その際には，以下の点に注意して見てもらいます。

自分の癖

癖はなかなか自分では気づかないものです。癖には，動作の癖と口癖の2つがあります。私の場合は「どちらかというと～」という言葉を1時間のプレゼンで10回以上使っていたらしいです。決まって次に話す言葉が見つからない時に出てしまう言葉でした。そこで，言葉選びに迷わないようにスライドに手を加えることで自分の口癖を直しました。

癖は意識をしないとなかなか直りません。ただ，無理やり変えてしまうと，自分らしくプレゼンをすることができなくなるため，注意が必要です。確かに，癖が頻繁に出てしまう場合は，矯正したほうがよいです

が，癖ばかりに意識がいって，プレゼンに集中できなくなってしまうと，本来の目的である「相手に伝える」ことができなくなります。

聞き手の反応

　リモートで聞き手の反応をチェックすることは難しいです。

　画面オフにしている場合もありますし，画面をオンにしていてもプレゼンを聞いているかはわかりません。ただ，反応の確認はできなくても，プレゼンの内容に引き込む工夫はできるかもしれません。例えば，時折プレゼンにクイズを入れて，チャットで簡単な回答をしてもらうのです。このようなインタラクティブ（双方向）な内容を盛り込んでみてもよいかと思います。

　対面ではアシスタントを使います。英語プレゼンをしているときには，話すことや演出に気を使うので，反応がわかりません。アシスタントに観察してもらい，「●●のことについて説明していた時に，携帯をいじり始めた」など，聞き手の集中力が切れた場面などを教えてもらいます。

JBポイント

複雑なコンテンツでも集中を促したいときは，テクニックを使います。それは否定形のお願いをすることです。例えば「これから〜内容になりますが，〜にしないようにしてください」とするのです。
人間は否定形に対して反応しやすいので，「思い出してください」よりも「思い出さないでください」と言われると，後者を意識してしまうのです。

03 収録ビデオをチェックする

● ベストパフォーマンスを作る

自分の動画を見るのは恥ずかしい…

　自身のプレゼンをビデオで観るのは恥ずかしいです。しかし，上達するための非常に大切なステップです。

　チェックすることで，自分がうまくできなかった箇所をどう克服するかを考えます。例えば，「濃淡をつけずに全てを説明してしまった」場合，削っても問題ない箇所とそうでない箇所を発見できます。「流れが変わってしまい話を戻すのに時間がかかってしまった」場合は，流れが変わりがちなパターンを認識して，流れを固定できるように仕組化することも可能になります。

　これを繰り返すことで，ベストなパフォーマンスを見つけることができるのです。これは私が行っているトレーニング方法なのですが，あるテーマについて話した過去数十回の収録ビデオを見直して，最初の15分のベスト回，次の15分のベスト回とを選びます。それらを動画編集でつなぎ合わせて，イメージトレーニングをするのです（つなぎ合わせずに全てのプレゼンで終始うまくいくのがベストですが）。このようなビデオを作ることで，プレゼンを仕組化できるのです。

● ボトムアッププレゼンとトップダウンプレゼン

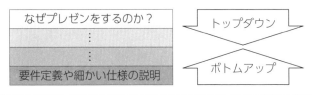

　アンケートやフィードバックで評価が高ければよいですが，もちろん否定的で非建設的な意見もあります。そのような言葉を見てしまうと，私も数日気分が晴れず，気持ちが暗くなるときがあります。

　一方で，馴れ合いの英語プレゼンだと，成長できるようなフィードバックはないということを理解しておきましょう。否定的なフィードバックこそ，「何を改善するべきか」がわかるのです。

　人間ですから否定されると傷つきます。そこで，必要になるのが「鈍感になる力」です。人はそれぞれ価値観や個性も違うので，意見も違うし，求めているものも違って当然と考えるのです。

　また，嫉妬による嫌がらせもあります。読者の皆さんは，将来のマネジメント候補です。皆さんが輝かしい階段を上っていくのを横目で見て，嫉妬からのうっ憤を晴らすために悪い評価をする人もいます。そういった人の意見には，振り回されないことが大切です。

過度に気持ちを振り回されないために

　自身のパートナーや仲のよい友人などにフィードバックを見てもらい，その人基準で「よい評価」「感情論からの悪い評価」「プレゼン改善を求

める悪い評価」の３つに仕分けしてもらってから，「よい評価」と「プレゼン改善を求める悪い評価」だけを見るのもおすすめです。ラクな気持ちでフィードバックを受け止められるようになります。

　よい評価の割合が多ければ，その悪い評価は一部に過ぎないと思えるでしょうし，悪い評価が多ければ，それはちゃんと向き合って反省・改善をすればよいのです。

情報を増やそうという考え方は厳禁

　辛辣な意見をもらったからといって，「今度は，もう少し情報を追加しなければ」と考えてはいけません。

　今まで多くのプレゼンを見てきましたが，大体は情報過多です。全てが親切心から生まれることですが，残念ながら逆効果になってしまうことが多いのです。内容をいかに削るかを考えてみてください。

トップダウンプレゼンの練習

　フィードバックを受けた後，やってみるべきなのがトップダウンのプレゼンの練習です。

　プレゼンには２つの種類があって，細かいことの積み上げから結論に持っていくボトムアップと，大枠から細かい点へ流れていくトップダウンがあります。

　具体的に，ボトムアップでは，要件定義や細かい仕様説明をするケースが多いのですが，これは基本マネジメントがやることではありません。逆にトップダウンでは，細かい説明はしませんが，「なぜ自分が動かなければならないのか」を伝えることで聞き手にモチベーションを与え，進むべき道を示すことが大切です。

　すなわち，「何（what）をするのか？」ではなく，「なぜ（why）す

るのか？」を徹底的に意識してください。

　私の場合，あえてプレゼンを穴だらけにします。すると，聞き手がプレゼン内容に突っ込みたくなります。プレゼンに対して「ヒトコト言いたくなる」ことで，聞き手に参加してもらうのです。そこが "why" を説明できるチャンスになります。

JBポイント

予定時間がある場合，その時間いっぱいまで話すことが正しいと考える習慣はやめた方がよいでしょう。忙しい現代社会で，あえて長くする必要はありません。内容もしっかり伝えつつ時間も短縮できれば，最高です。話を長くするのはラクですが，短くするのは難しいのです。
私は，プレゼンするときにはいつも10分前に終わる宣言をして，実行するように心掛けています。皆さんのプレゼンにも是非取り入れてみてください。

ビジネス英語プレゼン　コミュニティ

　JBが主宰するビジネス英語プレゼンのコミュニティに参加しませんか？

　英語プレゼンは「長く話せばよい」とか「とにかく何でも話すべき」ではなく，短く簡潔に相手に伝えることが大切です。

　言いたいことを凝縮させて，1分間で伝えるトレーニングをする。人前で話す緊張感を得る。フィードバックをもらう。これらは，1人でTOEIC等の勉強をしてもうまくはなりません。

　ビジネス英語プレゼンを向上させたいというニーズを満たすため，Zoomでのプレゼン勉強会を無料で開催しています（登録制）。

　これだけではなく，不定期ですがオフラインでの勉強会やイベントも開催していきますので，その際には交流の場として使っていただければと思います。

　イベント情報を随時発信していますので，ご興味がありましたら，QRコードにアクセスしていただき，LINE登録をしていただければ嬉しいです。

あ と が き

　本書の執筆が初稿チェックを終えたときに，安倍晋三元首相の訃報が流れました。

　多くの人たちが不安を感じたと思います。
　今回の事件だけではなく，新型コロナウイルス感染症によるパンデミックやウクライナ戦争など，よくない出来事が次々と起こり，今まで以上に不確実な世界を我々は生きなければならないということを痛感したのではないでしょうか。

　そのような世の中で，受け身な姿勢ではなく，自ら動いていける人材になるためにはどうすればよいのか，改めて考える時が来ています。不確実な世の中に対応できるようにならなければいけません。

　自ら考え，動き，成果を出せるビジネスパーソンであれば，日本という限られた世界にとどまる必要はありません。選択肢は無限に広がります。
　ただし，その選択肢を現実のものとするためには，ビジネス英語が必須となります。

　本書に提示したプレゼンの法則は，あくまでもアウトプットの一部です。しかし，それでも多くの生徒たちが，この法則を使ってグローバル人材になる夢を叶えてきたという，紛れのない実績があります。
　是非，皆さんが不確実な世界の中で，自ら道を切り拓き，生き残るためのツールとして使っていただけたら嬉しいです。

最後に，本書を執筆している間，大学院に通いながらも応援し，助言をくれて支えてくれた妻 巴那と長男 凛空に，感謝の気持ちを伝えて締めの言葉とさせていただきます。

【著者略歴】

齋藤　浩史 (さいとう・ひろし)

20歳の時に俳優になるため渡米，ニューヨークで舞台経験を積むが断念。両親の知り合いを通じて，元ゴールドマンサックス出身メンバーが設立したヘッジファンドにインターンとして働き始めたことで，金融への興味を持つ。大学卒業後，ゴールドマンサックス証券会社やその他外資/日系投資銀行で，中東，東南アジアの財務省や世界銀行などの資金調達業務に関わる。

上智大学大学院の修士号と英国国立バーミンガム大学MBAのダブルマスター。

2014年に株式会社グローバルアップライズコンサルティングを設立。

2014年マサチューセッツ州立大学MBAのエグゼクティブメンバー講師（オペレーション基礎と組織行動論担当）。

一般企業・大学・大学院を中心に「金融・会計」や「英語プレゼン」研修を提供。

著書に，『外資系金融の英語——すぐに役立つ表現例と基礎知識』『50の英単語で英文決算書を使いこなす』（中央経済社），『英語で説明する全技術』（秀和システム），『GAFAの決算書 超エリート企業の利益構造とビジネスモデルがつかめる』（かんき出版）がある。

【英語監修】

Kirsty Orreill

オーストラリア出身。幼少期をトンガで過ごし，文化，言語の素晴らしさに興味を持つようになる。日本に対する興味を抱き，国際交流学生として来日（北九州）。その後，文部科学省の奨学金を受けて横浜国立大学で学ぶ。また，10年間，英語講師としてビジネス英語を中心に教える一方で，BULATS，英検，TOEIC，IELTSの準備など英語試験のクラスも受け持ち，多くのビジネスパーソンたちのグローバルキャリア挑戦をサポートしてきた。日本国内の様々な地域で，仕事や生活で合計15年間を過ごす。

現在，ワシントンDCに移住し，ガーデニングや愛犬デューイとの散歩を楽しみ，オーストラリアと日本への思いを新しい故郷に繋げる方法を模索中。

MBA流伝わる英語プレゼン
——すぐに使えるフレームワーク

2022年10月10日　第1版第1刷発行

著　者　齋　藤　浩　史
発行者　山　本　　　継
発行所　㈱中　央　経　済　社
発売元　㈱中央経済グループ
　　　　パ ブ リ ッ シ ン グ

〒101-0051　東京都千代田区神田神保町1-31-2
電話　03 (3293) 3371 (編集代表)
　　　03 (3293) 3381 (営業代表)
https://www.chuokeizai.co.jp

印刷／三 英 印 刷 ㈱
製本／㈲ 井 上 製 本 所

ⓒ 2022
Printed in Japan

＊頁の「欠落」や「順序違い」などがありましたらお取り替えいた
しますので発売元までご送付ください。（送料小社負担）
ISBN978-4-502-44051-9　C2082